- 小公司老板实实在在的干货分享
- 从现实中总结出来的管理心得，条条接地气

管理手记：
一个公司老板的
10年管理心得

YIGE GONGSI LAOBAN de
10 NIAN GUANLI XINDE

文 捷 ◎ 著

中国华侨出版社
·北京·

图书在版编目（CIP）数据

管理手记：一个公司老板的10年管理心得 / 文捷著.
— 北京：中国华侨出版社，2019.7
ISBN 978-7-5113-7912-2

Ⅰ．①管… Ⅱ．①文… Ⅲ．①企业管理－经验 Ⅳ.
①F272

中国版本图书馆 CIP 数据核字（2019）第 121893 号

● 管理手记：一个公司老板的 10 年管理心得

著　　者 / 文　捷
责任编辑 / 黄　威
责任校对 / 孙　丽
封面设计 / 环球设计
经　　销 / 新华书店
开　　本 / 670 毫米×960 毫米 1/16　印张 /17　字数 /219 千字
印　　刷 / 香河利华文化发展有限公司
版　　次 / 2019 年 10 月第 1 版　2019 年 10 月第 1 次印刷
书　　号 / ISBN 978-7-5113-7912-2
定　　价 / 39.80 元

中国华侨出版社　北京市朝阳区静安里 26 号通成达大厦 3 层　邮编：100028
法律顾问：陈鹰律师事务所　　　　编辑部：（010）64443056　　64443979
发行部：（010）64443051　　　　传　真：（010）64439708
网　址：www.oveaschin.com　　　E－mail：oveaschin@sina.com

一位公司的经营者，从选人、用人到管人，在初创人员的辅助下，通过扎实肯干打下一片属于自己的天地。然而，创业容易，守业却是极其艰难的一个过程。一个公司，要想在激烈的市场竞争中永远立于不败之地，考验的是经营者的管理水平。

很多小老板带领一帮员工，风风火火地将公司干起来了，但却因为不懂管理而使自己身心憔悴，看着自己的事业一步步走向终结。在现实中，不乏夜以继日加班、身先士卒的老板们，他们一边用"拼命三郎"的精神工作，一边抱怨下属的能力不足。他们不懂得，管理者在公司里该扮演怎样的角色，更不懂，正是因为他们的大包大揽，才导致了下属能力的"退化"，致使公司陷入混乱的状态。

"向管理要效益"是业内较为流行的一句话。然而，管理并非是一件易事，管理是将公司的人、物、力进行统一调配，统一安置的一个过程，这个过程考验的不仅仅是管理者的智商和财商，更考验管理者的见识、眼界、胸襟、气度等。

其实，一位优秀的管理者，首先，是"用人"方面的高手，他们深知自己的公司需要什么样的人才，如何将人才合理地搭配在一起才能发挥最大的效益，更懂得如何在制度外去激发人才的潜能。其次，在日常管理中，他们更懂得通过"自查自省"的方式，将吞噬公司的那些"蛀虫"驱除干净。最后，他们更是会与时俱进，跟上时代发展的大趋势，变换公司的经营模式，从而使公司永远立于不败之地。总之，这些管理方式、细节，对于一个公司的小老板来说，都是一门迫切需要掌握的艺术。所谓"磨刀不误砍柴工"，在繁忙的工作之余，抽出一点儿时间，来读一读这本书，可以提升你的管理技能、丰富你的管理经验，使你的管理工作更加得心应手。

本书从管理本质的角度，解决了诸多日常工作中经常会遇到的管理难题。书中每篇通过不同的案例延伸出各种管理方法，语言简洁易懂，是一本难得的手记类管理书籍。

期待本书能带给你一点启发和思索。

目录

第一章

用人：用对了人，公司就成功了一半

　　管理之道，其关键在于用人。这里的"用人"是指选择人才，将人才放到合适的位置上，最大限度地挖掘人才身上的潜能等。人各有所长，亦各有所短，只要能扬长避短，天下便无不可用之人。从这个意义上讲，识人、用人之道，关键在于先看其长，后看其短，因才适用，科学理才，将合适的人放在适合其能力和特长的岗位上，使之发挥最大能量。

　　另外，用人，首先要任人唯贤，量才施用。每个人的才能有大有小，选拔使用人才，要坚持"德才兼备"的原则，以能力为标准。能力强的人，未能进入重要岗位，就会被埋没或"气走"；能力较弱的人，在较次要的岗位可能会发挥较大的作用，如果硬安排在重要岗位，就会既耽误工作，又影响他们自身的长远发展，于公于私都无益处。世界著名管理家杰克·韦尔奇说："让合适的人做合适的事，远比开发一项新战略更重要。"总之，对人才的使用，要力争用当其才。如果用得不是地方，人才也会变成"庸才"。

"德者"与"才者"的任用冲突

　　品德与才干一直是对于人才评价的两个基本面，任何一个管理者在用人的时候，都想用"德才兼备"者，如果得不到就先"德"而后"才"。但是以我个人的角度来说，在"德"与"才"两者相冲突时，"才"似乎更能为我们企业或公司创造"效益"。而品德是需要转化成才干方能够产生绩效，这违背了我们管理的根本目的。

　　在这里，我不得不重点讲一下"管理根本目的"这一话题。其实，管理是一项复杂的艺术，它讲究的是一个恰到好处的"度"。比如，一个企业若不强调精细化管理就难免会造成浪费，而若过度地强调精细化管理，则会扼杀员工的创新能力；如若管得太多，管得太严，会让员工失去灵活性，致使公司走上僵化的发展道路，而如若管得太少，太松散，就会助长员工的惰性，将企业拖入万劫不复的深渊；管理者如若干涉太多，会将自己累死不说，还会限制下属能力的施展，如若一味地将权力下放，只会失去对企业的控制权……如何把握好每个管理细节方面的"度"呢？这个看似复杂的问题，其实有着共同的答案，那就是看你的管理能否产生"效益"，从现实的角度来说，就是它能否为客户创造价值，从而为我们带来确实的收益。

　　我曾认真研读过西方管理学之父"德鲁克"的许多管理书籍，他的管理思想被我归结为一句话：管理是没有统一标准的，它只是企业实现"效益"的一种工具。也就是说，只要能使企业或公司产生"绩效"的管理方式都是有效的管理，否则，则被视为"无效管理"。再进一步讲就是说，管理最重要的职能就是"产生绩效"，管理者的一切管理行为，都要围绕着这一目的去执行，否则，如若违反了这一目标，便可视为"无效管理"的范畴。依照这个管理目标，在"德者"与"才者"发生冲突时，有才能、有头脑的管理者，都会选择"才者"，因为它确实能为我们创造切实的效益。

当然，很多管理者都会讲，一个人能力强，有才干，但是品德不好，那不是会对企业与社会造成极大的伤害吗？实际上，提出这个问题的人，至少在管理上是个"无能者"。要知道，人人都会犯错误，只是品德不好的人，犯错的机会比较大。但是，一个高明的管理者，会运用高明的管理方法，让这些德行不好者没机会犯错。这样既可以让他的"才干"得到最大的发挥，也能让"坏德行"毫无施展的机会，实乃一举两得的事情。

很多管理者在任用下属时，下属一旦犯错，便会责骂学校品德教育的缺失，实际上，这恰恰说明了管理上的无能，是你的管理方式或管理制度出现了漏洞，才让人有了犯错误的机会，才产生了这样的后果。

从实质上分析，管理的目的，即只对"绩效"服务。但是从方法上分析，管理就是对权力、责任和利益的一种分配。这里需要强调的是，管理必须要将权力、责任和利益进行等分，成为一个等边三角形，支撑着为企业创造效益。但凡在管理上出错，多数是因为没有将这三样东西分成等边三角形。现实中，许多管理者总是喜欢把权力、利益留下，将责任分出去，好一些的管理者将权力留下，将利益和责任一起分出去，也有的管理者认为责任和权力以及利益都应该留在自己手中，根本不作分配。这些管理观点都是非常错误的。

另外，管理者还需要注意一个问题就是，在任何情况下，经营都是大于管理的。许多企业，为了给员工鼓劲儿，会请专门的人讲解领导力或者是企业的策略，这种培训只会起到反作用，因为你的培训内容超过了员工所承担的责任，这样的培训我们称之为"培训过度"，当一个企业的管理水平超过经营水平的时候，这个企业便离亏损不远了。

为努力者鼓掌，为"出业绩者"付报酬

在公司刚成立的前几年，人员较少，工作比较繁杂，每天大家忙个不停，也没听到有人抱怨。但是，在公司走上正轨，人员数量增多后，每个人的工作分工较为明确，这个时候，一些员工，尤其是原来跟着我创业的老员工就有类似的抱怨了："我虽然没有功劳，但是也有苦劳啊！""我是公司的元老，就算现在没有做出业绩，但也曾经为公司流过不少汗呀！"等等。对于一些老员工的类似这样的抱怨，我会告诉他们："公司要不断发展，就要靠业绩，就要先赚到钱。你虽然为公司立下过功，但是也不能总坐在自己的'功劳簿'上吃老本。公司就是一个供大家发挥个人才能的平台，对每个人都是公平、平等的，我会为付出努力者鼓掌，为出结果者付报酬。"

实际上，在许多公司里，大多数员工只会关注自己对企业的付出，却不关心这样的付出能否产生绩效。很多人衡量自己所得

报酬的标准是自己的付出，而不是付出所产生的结果。所以，在企业中，常常会看到那些踏实苦劳的人得到肯定，资格老的得到重用。但是，身为老板要清楚的是，只有"功劳"才能产生绩效，而苦劳则产生不了绩效，或者说产生的绩效极低。

虽然我们说，企业主除了会管理，还要讲人情。但很多时候正是这种讲人情的行为违反了管理目标，所以要想让努力者、有能力者都发挥出最大的潜能，那就要懂得艺术地处理这一悖论：即为努力者鼓掌，为结果付报酬。也就是说，对于努力上进者，我们要给予口头上或者精神上的奖励，以让人得到精神上的满足；对那些实际做出成绩者给予实实在在的报酬奖励，这样即不让"劳苦"者心寒，亦不让有能力者被埋没，进而营造出一种和谐的工作氛围来。

除此之外，对于态度端正与能力卓越者，也可以用以上的方法。

在公司里，人们关心态度似乎多于关心能力。因为人们总是习惯上喜欢态度好的人，喜欢听话的人，喜欢加班的人。似乎态度端正者，一定能成为强者，同样的机会摆在人面前时，态度好的，能力平平的人似乎更容易得到重用。实际上，态度端正者不一定能够创造"效益"，所以，我们重用态度端正却创造不出效益的人，称得上是一种"无效管理"。实际上，我在这方面也走过弯路，犯过常识性的错误。

我身边原来有两个员工小李和小刘，俩人都是差不多时间入的职，小李是个任劳任怨、勤勤恳恳的员工，每一天都是早来晚走，经常加班加点。而小刘则是一个准时上下班、从不加班的员工。刚开始创业的那几年，因为我对管理知识的匮乏，所以相对于小刘，我更看中小李，于是便理所当然地在公司扩大规模时，让他做了部门主管，并给加了薪，小刘自然也成了小李的下属。其实，从当时的工作成果上来看，小李虽然天天加班，态度端正，从完成的工作量与客户的反馈意见上来看，都与小刘有着极大的差距。可我因为从心底偏爱小李，于是提拔了他，而小刘则从未得到我的表扬。不久后，小刘就毅然辞了职。

后来，经过反思，我发现自己犯了一个管理者常会犯的致命的错误：小李的表现恰恰是能力不足，而小刘的表现则正说明他的能力可以胜任这个岗位，出色地完成工作。而我身为管理者却做出了有失公允的决定，使能力不足者得到提拔，能力强者寒心，这是我在管理上犯下的第一个失误。对此，我要给管理者这样一个忠告：只有能力才能产生绩效，态度必须转化为能力才能产生绩效，这才是一个合格的管理者应该树立的正确的管理观念。

创业初期：以"合伙人"的姿态去招揽人才

在创业初期，就是公司还未完全成型之前，你必须要以合伙人的姿态去招聘员工。所谓的合伙人姿态是指：找与你价值观相同或相似的人一同加入，与你共同奋斗。这个"合伙人"要把这项工作当成一项事业。通俗一点讲，一个创业型的团队最先解决的问题是"价值分配"问题。这要求你要找的人必须是能力强，而且与你有共同的价值观。这样等企业发展了，你才能用共同的"价值观"来留住这些骨干员工，否则就会在初期面临严重的人才流失，很多有潜力的公司都倒在了这一环节上面。

小米公司成立于 2010 年，距今也仅仅只有几年的时间，却以"专注、极致、口碑、快"等经营理念，在业界引发了强烈的"科技风暴"。小米的成功很大程度上在于管理的极简化，当然，他们的"极简化"管理之所以能在企业内部顺利地推行，在于雷军在刚开始招聘人才时，十分注重找到与自身价值观相统一的人才加入。

雷军在小米创业之初最重视的就是人才，他说，他要找一群有共同价值观且聪明的人在一起共事，并且为了挖到自己想要的人才，他曾经不惜一切代价。在雷军看来，如果一个人与自身的价值观不相符合，那很可能就难以收拢住对方的心；而如果一个人才不够优秀，很可能不但不能创造效率，反而有可能会拖整个团队的后腿。真正到小米的人，都是真正能干活，并且想通过自身努力，干出一番事业的人，所以他们身上都充满了热情。来到小米工作的人，都具备"聪明、技术一流、有战斗力、专心、有热情、雄心勃勃"等个性特点，这样的人才在一起，做出来的产品注定是品质不凡的，这是一种真刀实枪的行动和执行。

当时，小米总裁雷军决定组建超强的团队，前半年花了至少80％的时间找人，幸运的是找到了 8 个牛人合伙，全有技术背景，平均年龄 42 岁，经验极为丰富。3 个本地加 5 个海归，来自金山、谷歌、摩托罗拉、微软等，土洋结合，理念一致，大都管过超过几百人的团队，充满创新的热情。

雷军说，如果你招不到人才，只是因为你投入的精力不够多。我每天都要花费一半的时间来招募人才，前 100 名员工每名员工入职都亲自见面沟通。当时，招募优秀的硬件工程师尤其困难。有一次，一个非常资深和出色的硬件工程师被请来小米公司面试，他没有创业的决心，对小米的前途也有些怀疑，几个合伙人轮流和他交流，整整 12 个小时，终于打动了他，最后工程师说："好吧，我已经体力不支了，还是答应你们算了！"

在新时代，企业的核心竞争力归根结底应该是人才的竞争，这已是不争的事实。对于企业，尤其是初创企业来讲，要想在管理上省时省力，除了要具备与企业发展相符合的专业技能外，还需要有共同的价值观，这样才能凝聚各人的力量，共同创造价值，这样的企业也注定会在短时间内获得快速的发展。

从管理学的角度分析，内部员工一致的价值观可以在短时间内形成一种积极、良性的企业文化，这种文化可以促使管理达到"无为而治"的至高境界。对此，任正非也指出，管理学上有一个观点，管理控制的最高境界就是不控制地能达到目标。这实际上就是老子所说的那句话："无为而无不为。"基本法就是为了使公司达到无为而无不为的境界。好像我们什么都没做，公司在不知不觉间就前进了，这就是我们管理者所追求的最高境界。

在最近几十年的发展历程中，华为作为中国一家高科技公司，可谓是异军突起。他们的成功，很大程度上取决于其"以客户为中心，以奋斗者为本"的优秀的企业文化。对此，任正非说过，企业文化是企业发展的软实力和核心竞争力，是冰山下的一角，是精神"原子弹"，企业应该引爆它，将其内化至员工心灵深处，外化为员工行为和企业制度。当然，这种无形的精神理念，会吸引和引导大部分价值观相同的年轻人前来华为，共同奋斗，将企业做大做好。

当然了，要贯彻"以奋斗者为本"的文化理念，华为为此制定了可靠的制度保障。在分配激励上要向奋斗者倾斜，提倡拉大差距，奖励无上限。缩小差距是鼓励了懒惰者，只有拉开差距才能鼓励奋斗者，所以华为为了强调这样的精神理念，让 3 个人拿 4 个人的钱，这 3 个人的积极性被调动起来，最终干了 5 个人的活儿；假如反过来，4 个人拿 3 个人钱，最终却只干了 2 个人的活，那么激励就毫无意义了。另外，干部提拔也要向奋斗者倾斜，突出贡献者超级提拔。

良性的价值观及文化可以吸引有共同价值理念的人共同来奋斗，而拥有共同价值理念的人才聚在一起又可以促进良性文化的形成，使企业向良性的方向发展，可见，这便是相互成就的关系。有共同的价值观，便能省去许多的管理或约束，大家为了共同的目标一起努力，自觉将自身的价值发挥到最大，这是企业最好的发展模式。

当然，对于经营者或管理者来讲，找到价值观相同的人并不是件易事，想让管理变得相对简单些，我们也要找到目标一致的人来创造价值。正如马云所说，找到一群价值观相同的人不容易，但我们可以找到目标一致的人来创造价值。所以说，创业，首先要汇集一群有共同目标的人，这才是起步的初始。实际上，无论找怎样的人合作，都是为了让管理变得更为简单、有效，为了省去因烦琐的内部管理所耗掉的精力与财力，最大限度地激发员工的创造力，从根本上提升企业的价值。

留住骨干员工：智商与情商的双重考验

著名的"二八定律"告诉我们：在企业中，20％的人才创造了约 80％的效益。毫无疑问，这 20％的人才算得上是公司的核心骨干人员。要知道，在产品、技术、渠道等竞争因素趋于同质化的今天，人才已经成为企业之间差异化竞争的焦点，而创造了企业 80％效益的核心员工，更是企业竞争力的关键。换句话说，企业与企业之间的竞争，很大程度上取决于管理者能否拥有、用好并且留住骨干员工。

在同行业的聚会上，我常听一些老板抱怨说："我的一位骨干要辞职，我给了他同行业同等职位最具竞争力的高工资，他为何还不满足呢？"

给骨干发高薪，这是很多管理者留人的思路，但实际上对于一个人来说，工作不仅仅意味着收入上的回报，还有获得成就感、荣誉感、认同感等精神上的满足。当你给骨干富有竞争力的薪水后，他还是要离开，那就要考虑：你是否满足了他精神方面的需求。正如一位同僚所讲的那样：留下骨干员工的方法有很多，除了支付其富有竞争力的个性化薪酬和开展客观公正的绩效考核外，还要用情感来提高他们的忠诚度。要给开多高的薪酬，给多少股份，考验的是管理者的智商；而如何用情感来提高他们的忠诚度，考验的是管理者的情商。

我公司的几位骨干人员，多是在我创业时期就跟着我努力打拼的几个人，业务能力都很强。在公司业务扩展后，我每人给了他们股份，让他们与公司共荣辱、共进退。

另外，在精神方面，我逢年过节都会额外给骨干人员多准备一份福利，平时聚餐时，都让他们携带家属，每月可以使用公司的小车三次，用于处理个人的事务，于是，其家人也对稳定这些骨干起了很好的作用。

另外，只要一有机会，我还会想办法让这些骨干员工觉得自己的社会地位在提高。我不时会让他们代自己参加一些圈内有影响力人物组织的一些活动，拓展他们的接触面，增加他们代表公司时的自豪感，让他们觉得自己的社会地位的提升。

当然，我以上的这些举措，对稳定骨干人员起到了很好的作用。但是，还有个别骨干人员辞职是因为对自己的能力太过自信，这个时候，管理者就要想办法挫伤他的这种盲目自信。

一次，一位公司的骨干员工向我递交了辞职信。我当时对他的行为有些吃惊，因为他业务能力确实不错，入职 3 年来，也拿下了几个大单。但其业务素质还有待提升。

第二天，我叫他到办公室，问他辞职的原因是什么。他说他觉得公司给他的职位跟他的职业发展不相符。

我笑着问："可以说得再明确一点吗？"

他说："以我现在积累的经验和能力，完全可以胜任更重要的工作！"

我立即明白了他的意思，便真诚地对他说："这样吧，辞职信你先放在我这里，公司的职务你先担着。在这期间，你可以去参加任何公司的面试。如果你能找到更好的，那我立即批辞职信放你走！"他看我真诚的样子，便点了点头。

三个月后，他来找我了，很诚恳地对我讲："我想收回我的那封辞职信！这段时间，我参加了一些大型公司的招聘和面试，感觉自己距自己设想的还差得很远，所以……"在接下来的时间里，我明显能感觉到这位骨干的努力，不仅将工作完成得很出色，而且还参加了市场营销方面的培训课程。

几年过去了，他的努力加上我的赏识，他顺利成了公司市场拓展部的总监。

我的观点是：要留住员工，职业发展前景、升迁机会、成就感和人际关系等都在起着越来越重要的作用，都不可忽视。因此，在我看来，对核心员工，应让其"愿意"为公司服务；对骨干员工，应让其感到"公平"和"满意"；对一般员工，应至少保证让其不产生"不满情绪"，要把握好这些，考核的不仅仅是管理者的智商，还有情商，即管理艺术。

在现实中，如果你尽其所能后，还是无法满足骨干员工的物质与精神方面的需求，他向你提出辞职，那么就尽量去展示管理者的胸怀吧：

（1）态度要诚恳，情绪要镇定，真诚地为他能找到更好的出路而高兴。要知道，成全别人去开拓一条新路，也是在给自己留后路。

（2）你可以仔细询问他跳槽的原因，但不要算旧账。比如，"为了培养你，我可是花了大的心血呀！""我平时待你还不算差吧，你能不能再考虑考虑！"等等，这些话一出口，便会使你丧失风度，会让人轻视你。

（3）可以表达出你的遗憾之情，可以挽留，但要适可而止，不要千方百计和绞尽脑汁。对于真正优秀的人才来说，这么做是非常愚蠢的，即便对方勉强留下，他们今后也可能变成各怀鬼胎的同事。

招"三流"人才，干"二流"工作，发"一流"工资

什么样的人才是公司最为青睐的？"经营之神"松下幸之助曾说过："70分的员工才是最适合的员工。"为什么松下幸之助这么说呢？因为70分的员工具备可以挖掘的潜力，有相当程度的提升空间。而且相比于90分甚至100分的人才，70分的人才心态上更为谦虚，更容易接受公司的文化。这里道出了一个用人方面的真理：不招最好的人，而要招最合适的人。

公司成立不久，因为在征用新人方面缺乏经验，认为公司要发展一定找最好的，就连工资不高、没有技能含量的后勤人员也要招名牌大学本科生，要求英语过四级。稍带技能含量的岗位，比如，商务部、销售部等，不仅要求名牌大学硕士以上，而且一定要说一口流利的英语。那个时候，为了选用最好的人，我一下午会面试五六十个人，想从中挑出最好的。后来才发现，自己招来的人，根本留不住。

本来一些简单工作岗位的工作，一个中专生完全能够胜任，找个本科生完全是一种浪费，关键是你出不起高工资去养他们。这为你带来的唯一好处是：使公司的简介看起来更漂亮一些。随着管理经验的不断丰富，我才意识到当时的做法有多可笑。

在招用新人上，我给出的经验是：招低一档的人，发高一档的工资。用通俗的话来说，就是招"三流"的人才，干"二流"的工作，发"一流"的工资。即针对一个岗位，要用本科毕业生

的，去招优秀的大专生，给他发稍高于本科生的工资。如此一来就是幸之助所说的：用70分的大专生，让他去挑战本科生岗位上的工作，给他稍高于本科生的薪水。这样一来，能使他在对工作的挑战中获得成就感、荣誉感等精神上的满足；二来还能让他们获得物质上的满足感。这样的员工，具备可挖掘的潜力，有相当程度的提升空间。另外，这种"70分的人"心态上也更为谦虚，会觉得你给了他一个施展自我抱负和才华的平台，必会加倍地珍惜，会在工作中付出最大的努力来回报你的"知遇之恩"。

阿里巴巴CEO马云曾说过，不合适的人才即使能力再强，他也不一定会要。因为用这种人才，就像在用飞机的引擎来拉拖拉机，配不上。他也认为，企业选择人才，宁要最合适的，也不要最好的。因为用最后的人才，对企业而言是一种浪费，况且很多时候，最好的人才，不一定能干出最好的工作成果。反倒是最适合的人才，往往能够做出一番让企业称心如意的业绩来。

另外，在招聘时，不一定要去相信应征者的话。有的人因为刚丢了工作，心情比较失落，他为了得到一份工作，敢向你做出任何承诺。

有一次，公司要招一个商务英语专业的新人。一个女孩前来应征，在此之前有三年的工作经历。因为我们为她提供的岗位工作比较轻松，平时只需要处理下英文邮件就行了，所以岗位工资给得不高，只有6000元。而她上份工作的工资则有7500元了。我对她说："我们给你的待遇没有你上份工作的待遇好，你介意吗？"当时，她毫不犹豫地说没问题。因为她的条件太适合我们这个岗位了，于是我当即录用了她。半年后，她刚经过公司一系列的培训，工作刚刚上手，便毅然递出了辞呈，理由居然是嫌工资太低。

后来，我坚持"招三流人才，干二流工作，发一流工资"的用人原则，找了一个大专毕业生，她的英语全是毕业后自学的。我给她6000的工资，现在她还在该岗位，不仅工作干得好，而且对工资也很满意。

在现实中，无论是企业还是应聘人员，对待遇的态度都是：只能上，不能下。所以，聪明的管理者，在用人的时候可以坚持这个原则：招"三流"人才，干"二流"工作，发"一流"工资。

为自己选一个得力的"二把手"

随着公司业务范围的扩大，手头的事务越来越繁杂，每个老板都渴望找一位能为自己"看家"的人，帮其照料一下公司的日常事务，好让自己能够专心于公司的战略发展与新业务的筹划。我这里所说的"看家"的人，就是指公司里的"二把手"，相当于"大管家"的角色。

然而，优秀的"二把手"并不是想找就能找到的。在我的认识中，老板最得力的"二把手"，应该是一位经历过沧海桑田、有丰富经验的"职场老手"，他应该有管理企业的成功案例，也应具备优秀的思想品质，最重要的就是要能够忠于企业，忠于老板。在一些私营企业，很多老板都会选择自己身边的亲人做"二把手"，比如自己的伴侣、兄弟姐妹等，这些人在早年创业的时候便加入了公司，亲身经历了公司点滴的成长和发展，对各种业务都较为熟悉，并且又懂管理，那就可以作为"二把手"的最佳人选。

但是，对于很多企业主来说，则需要到茫茫人海中去"寻觅"这样一位"二把手"。很多时候，一位"一把手"选用"二把手"的能力与人品，基本可以判断出一个组织的成败。这考验的亦是一把手的"领导力"。

从根本意义上讲，所谓的"领导力"，即指将"人才杠杆"的作用放到无限大，并进行"有效的组合管理"。"领导力"是判断"一把手"能力强弱的重要标准。而这种领导力，更多地反映在对"二把手"的使用上面。"二把手"综合素质的高低，其实就很明显地反映出"一把手"领导力的强弱。

那么，在现实中我们应如何去为自己觅得一位合格的"二把手"呢？或者说，一个合格的"二把手"应具备哪些素质呢？

1. 拥有"精诚合作"精神

"二把手"的合作能力是最为关键的。用通俗的话讲，要时刻能与"一把手"同心同德。要足够地敬服"一把手"，要听话，坚决地执行"一把手"制订的工作目标与战略决策等。

2. 要有足够的专业能力

"二把手"的专业能力是至关重要的，因为很多时候他要代替"一把手"去处理一些棘手的事情。所以，他必须是本行业里的"行家"。

3. 拥有人格魅力，拥有足够高的情商

"二把手"相当于你的"大管家"，他要统领你公司里的所有的人事权、执行权等，所以他必须要有威信，要有足够的人格魅力去统御整个公司。"二把手"如若没有威信，不能拉拢人，就难以招架整个公司，这样的人是不能用的；当然了，做人也应低调，如若太有威信，太高调，功高震主，就会喧宾夺主，领导也绝对不敢用。总的来说，这个人要有足够高的情商。

实际上，《水浒传》中的卢俊义是个极为合格和难得的"二把手"。他作为宋江身边的人，说话办事都能够时时处处地小心，有功劳全部都让给宋江，有过失全部都揽到自己身上。时时能为一把手分忧，从来不给领导宋江出难题。从这个意义上讲，"二把手"比"一把手"要累，因为"一把手"的主要职能是做决策，"二把手"的主要职能是拿出几个方案来，辅助领导做决策，要有过硬的专业能力。

从专业能力来说，卢俊义有较高的业务素质，综合能力极高。对梁山集团来讲，要保卫山寨、实现扩张，必须要靠过硬的军事能力，比如，攻城拔寨、劫取钱粮、震慑朝廷，平时练兵以图强等，而卢俊义就是这样一位军事专家。他不但有较强的指挥能力，能指挥大兵团作战，在征服方腊时几度曾与宋江分兵，独当一面，便是证明。

另外，他耍枪弄棒的武功极强，身为林冲的师兄，他曾参与数十次战斗，毫无败绩。

在人格魅力方面，他拥有极高的情商。他个人能力虽强于宋江，但却为人谦虚，懂得处处维护"一把手"的权威。在梁山兄弟中，卢俊义身边似乎有一个"卢派"，但又不明显，从未给宋江留下他在"拉山头，自立门户"的印象。表面上看，这个"卢派"的第一心腹便是浪子燕青，还有朝廷降将系列，但这个派别犹如庐山迷雾，若有若无。这便是卢俊义的本事，有本事而不压主，有威信而不张扬，有内涵但能屈能伸，有人气而无架子，有作为而不倨傲。

另外，卢俊义还有一种"江湖豪气"的人格魅力。他有指挥大兵团作战的将军之气，有过惯了员外生活的田园之气，有封建士大夫的官绅之气，也有文人墨客的书卷之气，更有江湖好汉的英豪之气，这亦是他上山不久便能赢得人气的重要原因。

对老板而言，寻找一位得力的"二把手"不仅仅是一种需要，更是一种必要。但是如何为自己挑选一位合格的"二把手"，考验的就是老板的眼力了。

在平时的工作中，身为老板，你可以让"二把手"给你建议，可以让他帮你筹划企业的发展规划，但也不宜让他过多地介入公司的敏感事务，因为超过一定的界限，容易产生不必要的麻烦。你既不能把"二把手"当外人看，也不宜将他当家里人看，这同样是你应遵循的原则。

妄用"亲戚"的后果很严重

在是否能用亲戚、朋友或熟人这个问题上，我只有教训，没有经验。对此，我给出的建议是，无论公司发展到什么规模，尽量不要用亲戚朋友。

六年前，公司有了一些规模了，而且从业务量上来看，发展前景还不错。那时，外地一个长辈打来电话，说她儿子，也就是我的表弟是名牌大学毕业，在一家公司干得不顺利，想到我这里来发展。

我这个亲戚家庭条件不好，其中一个孩子还因为特殊原因无法上班。而我这个表弟，在北京读的书，毕业两年，人看上去很聪明、能干。当时公司正在招人，我想，用谁不是用，便爽快地让我表弟到公司销售部上班。

表弟人很机灵，情商比较高。两个月便适应了公司的新环境，而且在部门里业务完成得较好，提成拿得也不少。这本来是一件好事，成就了亲戚，公司也得到了一个得力的干将。

可没多久问题就来了，表弟依仗着自己的业务不错，还有我做靠山，于是便产生了优越感，经常对同级的同事吆五喝六，其他员工对他的意见极大。为此，我找他谈过两次，希望他能在公司保持低调，学会主动团结其他同事。可能他因为太过年轻，似乎没能听进去。

那一年时间里，表弟在销售部干得如鱼得水，挥洒自如。这时，表弟找到我说，他大学有几个同学，都挺聪明，希望带他们一起来公司发展。我想公司正值发展的上升期，能多吸纳一些有活力、有想法的年轻人，也算是件好事。于是，照单全收。

可是，后来的麻烦就开始了。表弟和他那几个同学吃住都在一起，结成了势力极强的"帮派"，开始和其他同事抢单，而且他们几个人勾结起来从客户那里吃回扣、挣黑钱。

表弟人是聪明的，还在公司散布谣言说："公司股东之间有矛盾，他是我这一派的，让他的直接主管不要站错队，否则将会后患无穷。"公司不少员工真的被他唬住了，那段时间，公司里拉帮结派、搞小团伙的人有很多，大家的心思根本不用在如何提升业务上，而是都在花心思拉关系上，公司里面一片乌烟瘴气。过了一段时间，这一系列的问题才反馈到我这里来。

公司制度里对"暗地里吃回扣""散布谣言"等问题进行了明确的规定，第一次给予严厉的警告，第二次直接开除。我与表弟谈了一次，他拍着胸脯表示绝不会再犯类似的错误。没过一个月，又有部门主管向我反映类似的问题。

无奈之下，我又找表弟谈话，话说得很重。他因为年轻气盛，一怒之下便离开了公司。后来，他靠着从我公司带走的客户，自立了门户。因为此事，那一年我公司的业绩急剧下滑，整个公司被表弟搞得乌烟瘴气，他带走的那些客户，也给公司带来了极大的损失。

这些年，我和我那位亲戚也鲜有联系了，关系比之前淡了不少。这就是用亲戚的后果：丢了亲情，也丢了生意。

我曾听过其他公司老总讲他在公司做大做好后是如何对他的那些亲戚的。他的五六个亲戚在创业时曾不计得失地帮他干，公司做大后，亲戚因为跟不上公司发展的步调，且占据高位不好管理。这时，他采取牺牲钱财、保全亲情的方法予以解决。岁数大一点的给一笔钱帮其另外创业，岁数小一些的，公司出钱直接送他出国留学并且负责全部的开销。学成后再帮其找工作，从而顺利解决了这一难题。无疑，用这种方法处理这些问题，手法可谓是高明至极。但是，身为管理者，你必须要有这样做的资本：足够的钱财。否则，会既失了亲情，又将公司搞得一团糟，很不划算。

人才不是招来的，而是培养出来的

很多企业在招聘时，总是喜欢招一些有相关工作经验的人，一些企业主想当然地认为，招一些有经验者进来，能够为企业带来切实的效益。实际上，这种看法是极为错误的。对此，任正非也指出，企业的核心竞争力不是人才，而是培养和保有人才的能力。在市场环境、技术、产品、客户需求不断变化的情况下，好的企业发展态势依然强劲。那么，这些好的企业背后其实是存在着某种不变的力量或者某种机制在推动企业的发展，这种力量或机制，就是利益分配问题，用公平、公正的利益分配去刺激和促进每个层次的员工不断完成自我成长。

当然了，要运用有效的激励方法，就要从洞察员工的动机开始，然后让这个动机转化为员工的工作动力，让他们在这种"强烈的动机"的影响和带动下去实现自我成长。比如，在公司刚成立的时候，我会遵循这样一个基本原则：让基层员工有饥饿感，中层员工有危机感，高层员工有使命感。基层员工的饥饿感，是指基层员工最希望改善自己的物质生活条件，因此不要只和他们谈一些理想或情怀，那对他们难以起到激励的作用。

其实，对于企业来讲，只有自己培养出来的人才，才算得上是真正的人才。因为这样的人才是在企业中完成自我成长的，其人生观、价值观是与企业紧密贴合的，其思维方式、行事方法也是符合企业的文化氛围的。

我的公司在发展到第五个年头的时候，为了牢牢地留住人才，我让技术部的小赵和业务部的小张两位同事入股公司，成为我的合伙人。这两位同事是在大学毕业后就在我公司实习，后来留在这里做技术和业务。他们都是从最基层的工作做起来的，两个人都比较上进，小赵从技术员到技术主管，为公司组建了一支极强的技术团队做出一定的功绩；小张从普通的业务员到创建销售队伍，扩大了公司的销售渠道，之后也是一直是公司的主力业务员。这两人的经历就是我心目中典型的合伙人的成长路线。在我看业，要成为公司的合伙人，必须要满足以下五个条件：

（1）在本公司工作满五年，在自己的领域内，能快速地在行业中领先于他人。

（2）与公司的价值观一致，肯于奉献，为人真诚。

（3）为公司做出过突出贡献。

（4）在自己的领域里做到行业顶尖人物。

（5）能带领团队。

而要满足这五个条件，必须是在公司的发展氛围中不断进行自我成长、自我蜕变的人。只有这样的人才与公司的发展方向和发展需求最为贴切。

其实现如今的大公司比如华为、海尔、小米等优秀企业，都十分重视对人才的培养。正如任正非说："华为追求的从来不是利润的最大化，华为只需要将利润保持在一个合理的尺度。华为的人才培养施行的是低重心战略：重视普通员工、普通岗位的培训，要苦练基本功，华为永远不会提拔一个没有基层经验的人做高级领导工作。"

海尔集团内部坚持的是"赛马不相马"的用人准则。每个员工在入职海尔时都会签一份"成长合同"，将员工升迁分为12个阶段，从起步基本培训操作工作到主任工程师主管等，在一步步地晋升中完成自我成长。在海尔有一位开发建设部部长姓李，正是由于海尔的培训制度和"育人"理念，让他从普通员工逐渐成长为高级主管，并且亲自参加了美国海尔工厂的建立，回国后和出租司机聊天，司机得知他从美国海尔回来，便问他："你和张瑞敏是什么关系？"他回答说："什么关系也没有，出国前张首席并不认识我。"司机说："就冲这一点，你们海尔一定会大有发展，你真够幸运的！"

海尔集团领导认为，员工个人价值和企业价值的统一是最为重要和关键的，它很大程度上反映了企业文化和人力资源管理的有机结合、统一。很多高层管理人员同企业分道扬镳往往是价值追求不一致造成的。企业和企业的不同最重要的就是人不同，人和人最大的不同就是观念不同、追求不同。海尔的企业文化和人力资源管理就塑造了这种不同，促使企业的效益优于其他企业。

我们常说要发掘人才，究竟人才在哪里呢？也许就在眼前，也许正为我们所埋没而不觉。人才应该是在每天的工作当中，从其工作表现、效率和品质去深入了解始能发掘、培养起来的，也就是我们常说在职训练。"

无论为公司利益也好，为爱惜人才、培养人才也好，都应该在他们进入公司的时候，给予从基层做起的机会，实地到现场去参与轮班工作，切实了解现场基层工作的内容，训练完成之后给予酬劳鼓励。总比形式化的训练，投闲置散、浮于事表有意义得多。

用人要"疑"，"疑人"也要用

在管理界流行这样一句话："用人不疑，疑人不用"，旨在告诫管理者要懂得充分放权，给下属最大的信任，让他们放开手脚去做事。于是，很多管理者会订一个工作目标，让手下去做，也不过问过程。实际上，这种缺乏监控的"信任"是非常脆弱的。

对此，马云也说，这样做是不对的，用人也要疑。比如你在年初给属下定了目标，年末要达到多少目标，每个季度末，你要适当地检查一下进度，这不是不信任，而是要监督、鞭策，这便是"用人要疑"。同时，如果你对他的工作进度不满意，向你解释原因，你心存疑惑，但也要让他继续下去，并给出指导，这便是"疑人要用"。

海尔集团总裁张瑞敏也批判，"用人不疑，疑人不用"是小农经济的思想产物，是导致企业中的管理者放纵自己的理论温床。如果"只用而不疑"，企业迟早要乱；如果"只疑而不用"，企业人才必定会越来越少。

实际上，这里所倡导的"用人要疑"，是指对所用之人要建立约束和监督机制。信任不能代替监督。疑问在先，才能将风险降到最低。管理者如果"用人不疑"的话，人很容易恃宠而骄，最终害人又害己。而"疑人要用"是指在其人格、能力不确定的情况下，观察、选拔和使用人，不至于造成埋没人才和浪费人才。敢用疑人，才能保证企业的人才用之不竭。

从本质上讲，"用人要疑，疑人要用"讲的是授权与监督之间的关系。也就是说，我们该如何在放权的基础上，对其权力进行适当的监督。对此，你可以遵循以下几个原则：

1. 明确权责，制订行为原则，使权责一致

对管理者来讲，授权的前提是明确职责，在授予某一项权力前，一定要确定其行事的原则，这也是搞好授权和回馈与控制的前提。若是职责不清，就会不断地发生摩擦，相互"扯皮"或者"掣肘"，这是授权的大忌。所以，授权者必须要向被授权者明确授权事项的目标和范围，明确被授权者的权力和应该承担的义务

及责任。对方若违反原则地"胡来"，可以给予相应的惩罚措施。这样既可以调动被授权者的工作积极性和创造性，又利于授权者"用心"做好事情。总之，管理者在授权时一定要保证被授权者的权力与责任相一致，即有多大的权力就应该担负多大的责任，做到责权统一。

同时，管理者在给某位员工授权时，一定要对被授权的下属有个清醒的认识，仔细地考虑他们是否具备潜质，比如，是否勇于承担责任；是否会把公司的事情当成自己的事来做；领导不在时能否担负起留守之责；关键点上是否能及时请示上级等。只要是具备这些职业素养的员工，管理者便可以进行授权，毕竟，找对人方能做对事。

2. 回馈与控制

为保证下属能及时完成任务，了解下属的工作进展情况，领导必须要对被授权者的工作进行不断的检查，掌握工作进度信息，或者要求被授权者及时进行回馈工作进展情况，对偏离目标的行为要进行及时的引导和纠正，诸葛亮分配关云长守荆州，最后关云长大意失荆州，这与诸葛亮对荆州的信息不了解有关。同时领导者必须要及时进行调控。当被授权者由于主观不努力，没有很好地完成工作任务，必须要给予纠正，并承担相应的责任；对不能胜任工作的下属要及时更换；对滥用职权，严重违法或违反原则者，要及时收回权力，并予以严厉的惩治，对由于客观原因造成工作无法按计划进行必须要进行适当的协助。

一个管理学家就说过：控制是授权的"维生素"，身为一个管理者，不能让基层或属下的员工恣意妄为，而要懂得监督，让他们主动承担起属于他们的那份责任。

如果下属是天上的风筝，那管理者就是下面放风筝的人，不管风筝要飞向何处，那根线都始终拽在管理者的手中。根据下属的实际能力，拽在管理者手中的线可松可紧，但绝对不能从管理者的手中脱落，如果那样的话，风筝会飞向哪里，企业会走向何方？

管人的"三种境界"，你属于哪一种

我经营公司10年，在管人方面可总结为"三种境界"，实际上，这可能也是大多数管理者必须要经历的一个过程。我刚开始在管人时，可谓是"见山是山，见水是水"，管人单凭个人直觉。我先根据公司的发展需求，制定了一系列管理制度，然后对属下的员工完全按制度来行事，就像行事的标尺一样，丁是丁，卯是卯，而忽略了管理中的情感因素和圆滑的技巧。不可否认，这种管理方式有点缺乏人情味，搞得同事与同事间的关系很僵，大家每天都板着脸，看似规范了员工的行为了，但却没能管住他们的心。后来，等管人一段时间后，我进入了第二重境界："见山不是山，见水不是水"，不再盲从前辈的管理经验和书本的管理理念，开始在私下里有意识地琢磨，如何才能笼络住员工的心，如何才能让员工在舒服的状态下自发自愿地完成工作。我曾经在这一阶段摸索了很长一段时间，直到足够的经验积累和某一天的突然开窍，于是进入了第三种境界："见山仍是山，见水仍是水。"从此明白了管人就是管心，做人就是做事，于是更对管理不再感到困惑，开始学着去提升自己的修养、眼界，为人处事的水平。

从具体的日常管理事务中来讲，管理的第一个境界就是：为了管理而管理。将下属当作"小人"来防范，结果只能是管住了人的身，而管不住人的心。下属弄虚作假、阳奉阴违，企业内部的人力、财力和物力等资源无法得到有效的利用，最终导致管理的效率低，效果差。

管理的第二种境界是：为了"理"而"管"。即将管理当作一种提升企业运营效率的方法，这样做固然能够管住人身，也能够管住人心，做到政令畅通，使整个团队步调一致。但因为有了"管"这层枷锁，下属会感到极不自然，只将工作当成是一种职责和一个饭碗，并没有投入过多的精力。

管理的第三种境界是：不"管"而有"理"。这其实是管理的最高境界，也是所有企业管理者不断追求的管理目标。这种管理就是将下属当"人"看，充分地信任他们，没有条条框框的要求，只给员工一个总体的目标，并实施十分有效的监督机制。在这样的管理模式下，人人都是自己的管理者。当然，前提是每个人都在用"心"管理自己，使自我目标与企业的目标相吻合，自觉性极高，自律性极强，会自动自发地去做正确的事情。

当然，对于许多管理者来说，要达到第三种境界是件不易的事，它就是我们经常所说的"无为而治"的境界，老板好像不需要怎么去管，但所有的事务都在推进，为什么？这是一种文化氛围在推动前进。管理要达到这种境界，并不是件容易的事情，需要一步步地推进，一点一滴地积累。

任正非说："未来企业之间根本的竞争在于管理上的竞争。我们要在管理上与竞争对手拉开差距。"的确，管理体现的是管理者运用有效的方法对企业的各种资源进行合理配置后，而产生最大效益的方法，这是对管理者智商与情商的双重考验。

公司里的这几种害群之马，必须清除

身为管理者，有几种人是万万不能用的。

1. 见风使舵的"墙头草"

墙头草，那指那些没有主见，见风使舵，哪边得势、哪边比较强便往哪边倒的人。尤其是处于强者的包围之中时，对周围环境的观察异常敏锐，能够游刃有余地保护自己。这类人一般是无德无修养，毫无原则性，随风摇摆。他们会将主要的精力放在伪装和投机钻营上，这样的人一方面很难为公司创造效益，另一方面这样的人也会造成公司内部人心浮动，带来内耗。他们集圆滑、狡诈、伪善于一身，不可信赖。你在得势的时候，他会诚心地"投靠你"，并且站在你这一边，而你一旦失势，他便会倒向另一边，甚至会为了自身的利益，在背后"捅"你的刀子或者出卖你，所以，如果你的公司里有这样的人，可以考虑清除。

2. 过度索取的人

公司还有一种人则是过度索取者。与"贪婪者"不同的是，这样的人只要你满足他的一个条件，他便会接着提出第二个条件，而且在随后的日子里会不断地向你提要求。这便是过度索取，你退一步，他会马上进一步。因此，在工作中，每当有同事向你要求做什么或者帮他一个小忙的时候，你就要注意提高警惕了。

在现实工作中，这类人把全部心思都放在了如何算计别人上，他们经常抱怨环境的不如意，制度的不够理想，却不愿意自己动手做出哪怕一丁点儿的贡献，除非你帮他完成。

3. 忘恩负义者

忘恩负义、恩将仇报者是典型的小人！这类人在公司中是有一种危险的存在。面对这样的人，即便你对他们有恩，他也丝毫不当一回事，因为在他心中，一切都是以自身的利益为重，而且还会想当然地认为你帮助他是应该的。

一旦与他的利益发生冲突时，他便会狠狠地踩你一脚，让你防不胜防。

4. 偏执妄想的"阴谋家"

在公司里，那些偏执型员工与妄想型员工，个性都比较偏激。当你的意见和他们不一致时，他们就会觉得自己被陷害了。一旦盯上了什么事情，他就会采取某种夸张的描述，将问题形容得十分严重，想象力也比较丰富，对于解决问题来说，他们的想法实在是太过科幻了：如果你觉得他们是乔布斯式的人物，那我只能说，他们太缺乏根基了，因为他们的一切妄想都缺乏严密的论证。

这一类人会十分专注地向你和团队进行挑衅，把这场战争当成他的人生乐趣。你越是回复他、开导他，他就会越来劲，其结果往往是悲剧性的——你浪费了团队越来越多的精力和时间，却没有收到计划中的成效。

我的建议是，根本不用去理会这样的成员，你要克制"收拾"他的冲动，只要他不危害团队中的实质运转，就不用理他。不过，完全地忍住和不回应做起来并不容易，它往往需要你具备极强大的意志力。

5. 派系领导

那些总喜欢在公司内部划分圈子，设立对立阵营并由此钩心斗角、争夺利益的人，是最后一种你要特别警惕的"坏苹果"。这样的人一般都很聪明，他们智商高、心思多，观察能力强，所以才不好对付。

你必须对这一类人展示出果断的勇气和绝不妥协的态度，因为一个公司，尤其是规模不大的公司只要有了无谓的派系争斗，它的内讧就会加剧，公司离死亡也就不远了。

别在工作中掺杂过多的友谊

不少老板在刚开始创业的时候，都喜欢把人情味、友谊带入工作中。这种情况在很多中小企业极为常见，一些小老板总是在工作中掺入过多的人情，有时甚至会连最起码的规矩或制度都放在脑后了，那最终在牵涉到原则问题要"公事公办"时，便会使对方在心理产生强烈的刺激，从而对你做出一些过激的行为，比如，与你撕破脸，搞得双方都不愉快。

汉高祖刘邦在打天下的时候，靠的就是哥们儿义气，每次在打胜仗之后便大宴功臣，他会和一帮出生入死的兄弟喝得大醉而归。有一次，谋士张良劝谏刘邦，自古以来草莽英雄打天下，文臣谋士治理国家，因此，应该讲究规矩，要把君王和下属划开基本的界限，千万不能扫了君王的威严，坏了朝纲。后来刘邦听从了张良的意见，有意识地避免将哥们儿义气带入公事上，开始按规矩办事了。

柳传志有个朋友兼同事，两人的关系极为要好。早年，他们经常蹬着自行车，一起上下班，一起谈论国家大事，嬉笑怒骂，无话不说。后来，他们一起创业，私底下他们的关系很好，但是在经营企业的过程中，柳传志发现他没有以企业利益为重，于是降了他的职，再后来，他离开了联想。虽然这件事让柳传志比较难过，但是他知道为了企业的发展，必须坚持原则，而不能将友谊掺入到工作中来。

朋友归朋友，工作归工作，两者决不能混为一谈。你可以试想一下，你和关系极好的员工一起喝酒，他搂着你的腰、拍着你的肩，这都没有关系，但若第二天他上班迟到了，你就应该指出他的错。因为公司的规矩和风气，决不能被友谊破坏了。在这方面，杰克·韦尔奇便为我们做出了榜样。

美国通用电气公司前 CEO 杰克·韦尔奇在回忆录中提及这样一个故事：韦尔奇的副总跟别人说，一天晚上，韦尔奇请他吃饭，并且非常热心地替他夹菜，还替他斟酒，走的时候还跟他热情地拥抱，但是三天之后，韦尔奇下达人事命令，撤销了他的副总职务——原因是他违反了公司的制度。

杰克·韦尔奇的经历说明，管理者在工作中要有个管理者的样子，必须要把工作关系和朋友关系分清楚，决不能将私人感情混入工作中。

作为企业管理者，应该将企业目标和企业利益放在第一位，在这个原则下，可以发展与员工的友谊，也可以邀请朋友加盟。在公司管理中，当友谊与公司的利益相悖时，管理者一定不能将友谊掺入到工作中。

谨记：要用能力比自己强的人

懂得识人、用人是未来企业获得竞争力的一项重要法宝，当然，这考验的是管理者的胸怀和格局。身为管理者，一定要谨记一点：要用能力比自己强的人。

管理者切忌使用"样样都行"的人。要知道，才干越高的人，其缺点也往往越是显著，因为有高峰必有深谷。谁也不可能是十项全能，世界上根本没有什么都能干的人，只可能在某一方面能干而已。"样样都行"的人很可能会一无是处。

英国政治学家帕金森在他的《官场病》中提到官场里有一种通病："自上而下奉行的是'能级递减'，一流的找二流的当部属，二流的找三流的做部属，愚蠢的下属多多益善，精明的对手往往会被拒之门外。在整个机构里，越往下就会越弱势，整个团队基本上是处于一种根基浅薄的状态之下，稍有震撼就摇摇欲坠，这就是帕金森病。"而实际上，一个强大的、坚不可摧的团队，需要的是能力超强、执行力超强的基层员工，有极强约束力的中层与有眼界有格局的上层。在整个机构里，每一层都有自己明确的职责和任务，每一层都是牢不可摧的。也就是说，一个好的团队，就是要求每个人员"各司其职"，即将合适的人放到合适的位置上，发挥出最大的价值，而非要求一个人"样样都行"。所以，管理者一定要懂得用比自己能力强的人。

刘邦在得胜之后，曾在洛阳南宫大宴群臣时说："运筹帷幄之中，决胜千里之外，我不如张良；安抚百姓，供应粮饷，我不如萧何；指挥三军，战必胜、攻必克，我不如韩信。这三个人，都是人杰，我能恰当使用，所以能取天下。项羽有一个范增却不会用，所以被我打败了。"

许多管理者，尤其是一些创业老板都奉行"师傅传徒留一手"的古训。殊不知，这样做的下场就是让后继者越来越无能，让企业患上"帕金森病"。整个企业没有了强有力的人才，战斗力被极大地削弱，无法同其他企业竞争，终究是要走向衰败的。

管理者若要有求贤若渴之心，要有培养人才的耐心，更要有容才之量，不要怕他们"翅膀硬了飞走"而不好好地喂他们，而要让他们的翅膀尽可能地硬起来，然后再想办法去挽留他们。

管理者应该做帅才，统帅在某方面比自己强得多的将才。

要想出效益，先摸清下属的个性特点

管理学之父德鲁克曾经这样阐述管理的本质："管理就是界定企业的使命，并激励和组织人力资源去实现这个使命。界定使命是企业家的任务，而激励与组织人力资源是领导力的范畴，二者的结合就是管理。"对于多数中小企业来说，管理者要界定的使命就是提升企业效益，最大可能地增加利润。但是要实现这一目标，最重要的就是通过有效的管理手段，让员工最大限度地发挥个人能力。要实现这一点，管理者首要做到的是先摸清楚下属的个性特点，从而将适当的人放在最合适的位置上。

要知道，很多时候，一个人的性格与能力是密切相关的。有能力者性格一般比较突出，而无能力者大多数没什么性格特点。

一个极有能力、有见解的人，很少用模棱两可的语言去附和他人的意见，他说对或不对都有他自己的一套理由。而一个没有什么能力，没有什么见解者对别人的意见根本不知道是怎么一回事，所以只能言不由衷或驴唇不对马嘴地附和。

管理者除了要了解下属的能力外，还要对其性格有一定的了解。它有助于领导更好地识人、委派他适当的任务。

以下是领导者需要考查下属的内容：

一个员工的性格是内向还是外向、沉默还是活泼？有事喜欢说明还是喜欢暗示？喜欢冒险、猎奇，还是稳妥、心平气和、平平常常？性格温顺软弱还是刚烈？喜欢交朋友还是生性恬淡、喜欢清净？……当你了解到这些后，再正确评估公司岗位对人才的具体要求，将合适的人放在最合适的位置上。

冯仑说："把合适的人放在合适的位置，人人都是人才。"马云说："尺有所短，寸有所长，每个人都有自己的优点和缺点，把合适的人用在合适的岗位上，使人尽其才，这是一个衡量一个领导能力的标准，好的领导可以极大地调动干部的积极性，使其超水平地发挥，使其达到工作效率的最优化。"管理的本质就是将人的才干最大限度地激发出来，而做到这一点的前提就是要摸清下属的个性特点。

唐太宗李世民在用人方面，就十分注重去分析人才的个性特点。太宗了解到中书令房玄龄在用人方面不求全责备，而且十分善于出谋划策。李世民在与房玄龄研究安邦定国之策时发现，房玄龄能够提出许多精辟的见解与具体的办法来，但他对自己的想法与建议却不善于整理，虽然有许多精辟的见解，但却很难下决心颁布哪一条。

而杜如晦作为兵部尚书极为精明果敢，剖断如流，特别是在做决策、判断方面更是胜人一筹。他虽然不善于想事情，但是却善于对别人提出的意见做出周密的分析与判断，最重要的是他精于决断，什么事情经他一审视，很快就可以变成一项重要的决策或律令呈现到唐太宗面前。于是，唐太宗根据他们两人的所短与所长将他们结合在一起，最终形成一对文武双全、"房谋杜断"的最佳黄金组合，从而使房、杜二人功名盖世，千古流芳。

管理者用人的目的，就是让人发挥其最大的才能，并让其充分体验到"价值"所在，然后才能够调动其积极性和创造性，让其出色地完成某项任务。

若论起文韬武略、运筹帷幄，刘邦和刘备两人都很一般。刘邦，领兵打仗不如韩信，运筹帷幄不如张良，治国安邦不如萧何，但最终却能成为一代帝王。他靠的就是知人善用、人尽其才的用人能力。

总之，如何去招揽人才，招到人才后如何去让其发挥出最大的个人价值，是关乎企业效益好坏的根本。

通过恰当的方式来激发员工积极性

管理学大师德鲁克说："人人都渴望被他人激励，要让工作富有成效，让员工在工作中感受到成就感，管理者首先学会的是如何去激励。"也就是说，管理者首先要做到的就是通过正确的激励方式将员工对工作的热情达到极致。

从人性的角度来讲，"人"以及作为人构成的"组织"，都是需要被激励的。对此，下面一个实验可以证明：人和组织为什么都需要激励。

作为经济学家赫兹伯格做过一个极有趣的实验："在你过去的工作中，什么时候、什么阶段你的状态最好？举三个例子分析一下是什么原因让我们满怀激情？"

经过对多个人进行调研后赫兹伯格发现了一个规律：当我们回忆起满怀激情、创意不断的时候，通常会提到工作意义、赏识、提升、成长的可能性、责任、成就感等激励因素，却很少谈及工资、福利、地位、安全、工作环境等保健因素。

导致员工满意的因素中，有 81% 是激励因素，19% 是保健因素；导致员工不满的全部因素中，有 69% 是保健因素，31% 是激励因素。

这个发现，让我们理解，德鲁克之所以"不谈"激励，因为他早已经明白，让员工工作有效，帮助他们获得最大成就感就是最大的激励。

那么，在现实中，管理者如何通过"激励"去激发员工的积极性和工作性呢？

1. 让员工优势充分发挥

实际上，现实中每个员工的优势和特长可谓是千差万别，所以正确地甄别每个人擅长什么，适合分配到什么岗位上，该执行什么样的任务，这些其实是作为管理者的核心修养。而作为一个优秀的组织管理者，也需要能够引导员工发现自己的特长。

因为只有在从事最擅长的领域时，才更容易做出成果，也更容易获得认可和成就感。而这种最重要的激励是单纯的物质奖励难以做到的，也是真正能让企业的效能最大化的部分。

2. 合理分配公司的利益

利益可能是一个极为敏感的词汇，但其实利益决定员工是否能很好地被激励中发挥了最重要的因素。这个利益既包括公司的升职机会、加薪机会，也包括一些福利的分配。如果一个公司做不到奖优罚劣，做不到对于优秀员工有多的利益分配，那么所有的激励其实都是一种空谈。

3. 让员工了解情况

没有人喜欢像个瞎子一样去执行工作。如果员工对于公司的管理方式，管理制度，激励制度都不够明确，对于公司的文化都一无所知，那这个员工几乎很难对公司产生归属感和认同感。更为重要的是，员工往往会在不了解情况的情况下，很难向前最有利公司的方向前进。

当然，在实施激励措施的时候，不同的员工也要采取不同的激励方式。

灵活用人：以最小的人力成本，获得最大的收益

看过足球、篮球比赛的人大概都知道，主帅在用人的时候，有必要针对对手的排兵布阵灵活地改变。当一方主帅换上进攻力强的球员时，另一方主帅要么也换上进攻力强的球员，与对方展开对攻；要么换上擅长防守的球员，克制对方的进攻火力，以达到有针对性地制胜的目的。如果主帅无视对方的换人，自顾自地排兵布阵，便无法"知彼"，也就难以克敌制胜。

同样地，在企业管理中，管理者也应该根据实际工作情况、

任务难易程度等因素来大胆地用人、灵活地用人，以达到以最小的人力成本，获得最大的效益和产出。比如，公司临时有个任务，难度不大，但是颇为费时，这个时候，管理者就要大胆地使用能力一般、但耐性好的员工去负责；公司对某个大客户心仪已久，想签下他，但是竞争对手也在极力地与其合作，这个时候，管理者应该使用能力突出、应变能力强的员工去负责。

要想做到灵活用人，管理者可以按员工的特长区别任用。比如，有些员工擅长与人打交道，适合做销售、广告公关，有些员工擅长管理，适合负责行政事务，有些员工擅长财务，适合做财务工作等。对于有着不同优势的员工，管理者应该了解他们的优势，并把他们放在合适的岗位上，这样他们的价值便能得到最大限度的发挥。

举个例子，朱元璋打天下的时候，就很善于根据部属的特长予以不同的使用。他的手下有个人叫刘基，此人极富谋略，朱元璋让他留在身边，参与军国大事；他手下有个人叫宋濂，此人擅长写文章，朱元璋就叫他搞文化；他手下边还有两个分别叫叶琛和章溢，他们颇有政治才干，朱元璋便派他们去治民抚镇。

要想做到灵活用人，管理者还要善于把握人才的最佳状态，因为人的特长是随着年龄或情绪的变化而变化。比如，情绪低落的球员，竞技状态可能不稳定，这个时候，主帅往往选择少用或不用。同样，随着员工年龄的增长、精力的变化，特长也可能渐渐地衰变，反之，有些员工年轻气盛，但历练了一段时间后，便变得沉稳老道，缺点就变成了优点，一样可以得到重用。

另外，在用人的时候，还可以灵活多变地把不同的员工搭配在一起使用，可以最大限度地激发员工的潜能，使员工发挥自己的价值，这就是所谓的"人尽其才"。

末位淘汰制：不断将公司的庸才淘汰出局

达尔文的进化论告诉我们：物竞天择，适者生存。这是促使人类文明不断前进的巨大推动力。实际上，一个公司要想在行业中不断强大，在用人方面也必须遵循这一法则。不可否认，大自然不需要庸才，庸才会被无情地啃食；企业也不需要庸才，庸才应该毫不留情地被淘汰。谁落后了，谁就要被踢出局，这就是被很多铁腕领导和那些极富实力的公司所推行的末位淘汰制。

在中国的高科技领域，华为已成为"极富竞争力企业"的代名词。其创立于 1988 年，由一个名不见经传的小型企业迅速崛起，成为领先于世界的高科技公司，其主要靠的就是对人才最大能力激发的淘汰制度。华为公司十分重视员工的危机意识，使大家都力争上游，从而推动了公司的不断向前发展。对于处于末位的员工，华为将其淘汰。正因如此，华为才能凭借着自己的核心竞争力傲视群雄。

在华为看来，员工那种自省式的忧患意识，已经随着华为的强大日渐冲淡。所以，在华为一路高歌猛进的同时，华为总裁任正非一直不敢掉以轻心，他总是说华为还在过冬，总是用"冬天"这个字提醒全体员工，让他们保持忧患意识，必须要跑得更快，抢到更多的生意。

奉行末位淘汰制是华为的绩效考核体系中最重要的一环，多数部门都会硬性地分配绩效 A/B/C 的考核比例。就算全年表现极好，也不可避免地有人要被评为"C"。

考核拿到"A"标准的同事，次年会大幅度地涨薪＋职级提升；而被评为"C"的，不涨薪甚至是降职降薪。连续两年被评为"C"，会直接辞退。一个团队中经常发生因为连续评为"C"而被辞退的事件。

一位华为员工为了方便与家人团聚，想从总部调到另一个城市的办事处。第一年没调成，但因为流露出想调换部门的意愿，被部门领导毫不客气地评成"C"；第二年调来了，但考核按规定仍在原部门手上，又被评为"C"。结果，这位员工被无情地淘汰出局，被迫离职。这位员工很不服气，便向他的上级领导申诉。中国区某位大领导是这样回应的：制度就是这样的，一切都要按制度来。如果谁都这样来闹事，这么大一家公司该如何运作下去呢？

于是，一个技术员工，就这样被辞退了，一点儿余地都没有。

这种末位淘汰机制，主要目的就是为了让员工远离懒惰，激励员工积极工作，创造出更好的业绩来。

或许有人认为，末位淘汰制太过残酷，但是公司毕竟不是养老院，如果公司让一个人待在不适合他成长的环境里，那才是极不负责任的。老板必须要将忧患意识传达给员工，而末位淘汰制就是给员工制造危机感的最好的方式。

当然，并不是所有的公司都适合末位淘汰制，末位淘汰制涉及一个极为关键性的问题，那就是考核标准，不同的岗位应该有不同的考核标准。而且考核标准必须要科学合理。如果标准出问题了，考核出来的结果肯定也会出问题，就很容易把一个好员工划入淘汰的范畴中去。有些公司所有的员工都不错，这个时候，就不必实行末位淘汰制了。

同时，实行末位淘汰制，要在公司成一定的规模时，各种人才都聚拢，各项制度都完善后，才适合实施。否则，在公司刚成规模的时候，人才都笼络不到，再实施这项制度，只会将公司搞得乌烟瘴气，不利于公司的发展。

实施末位淘汰制要注意一个关键性的问题，那就是考核标准，不同的岗位应有不同的考核标准。而且考核标准必须要科学合理。如果标准出了问题，考核出来的结果会有失公允，不利于公司人才的聚拢。

最后需要注意的一点是，在实施末位淘汰机制时，一定要按法律程序进行，一定要遵守《劳动合同法》。对于公司和员工签订的劳动合同同是约束双方行为的，在合同期未满之前，公司与员工解除合同必须要有法律依据，否则就视为违法。

你不是"缺人"，缺的是"远见"

在当下，"缺人""缺人才"已是制约许多中小公司，尤其是一些制造业企业发展的一个重要因素。的确，随着劳动力成本的增加，很多企业，尤其是中小劳动力密集型企业"缺工"现象极为严重。"招人难，招不到人，人才都不愿到小企业中来"已经是令许多企业主头痛的问题。实际上，"缺工"只是一种表面现象，从本质上讲，你不是"缺人"，缺的是"远见"。

肖健在东莞有一家小型电子组件生产厂，企业原本有325人，但今年春节过后，肖健遇到了一件极为棘手的事情，就是招不到人。年前有一半的工人都辞工了，春节已经过去快两个月了，才招到十几个人。因为缺人，他的几条生产线都处于停滞状态。

其实，对于肖健来说，缺底层劳动力是小事，他更缺的是技术工人。因为受上游供货商的影响，他的企业必须要进行产业结构调整，一些毫无技术含量的电子组件已经逐步被市场淘汰，接下来，他引进的生产线主要生产新的产品，这就要求操作人员必须懂技术。肖健很清楚，那些来南方打工的工人主要的目的是为了赚钱，因为企业不景气，所以他给不出高的工资，因此也招不到工，直到生产线开不了工，如此恶性循环下去……

许多中小企业，其实都有着和肖健一样令人头痛的问题，随着用人成本的增加，企业因为不景气，给不起高工资，所以只能在"招不到人"中面临倒闭的风险。许多企业主总是感叹，现在的员工动不动就跳槽，稍不如意就辞职，招人难，留人更难，企业总在"缺人"，根本无法搞好生产。其实，这些企业主不是"缺人"，缺的是"远见"。

要知道，员工到一个企业中打工，只有两个目的，要么是挣钱，要么是学技术。随着物价的上涨，这些企业主一方面不愿多给员工加工资，员工感觉挣不到钱，所以不愿干；另一方面，不少企业主只要求员工在上班时间拼命地付出，对员工下班后的技术培训却少问津。员工既挣不到钱，也学不到技术，他怎么会在企业中长久地待下去呢？

另外，一些企业主也缺少对员工的关爱之心，缺少对员工的以诚相待。因为缺工严重，许多企业主为留住老员工，将工资拖后一个月发放已成惯例。甚至在春节前，一些企业将两个月工资拖到春节后发放，这样做也许暂时留住了员工，但却难以留住员工的心。人家一旦有机会，就会炒老板的"鱿鱼"。

真正有"远见"的企业主，一方面会重视员工的岗位培训，提升员工身上的"价值含量"，让他们在"有所学"中提升生产效率，为企业创造更高的利润，从而使企业归于良性的发展轨道之中。有"中国企业领导力教母"之称的谭小芳说："对员工进行岗位培训，是企业不可少的上岗程序。"现实中，越是落后的企业，员工上岗培训的效果也就越是差强人意。有的生产管理者心态消极，不愿意在培训员工方面花费精力，就算勉强做了，也只是敷衍了事。这种工作态度既延长了员工学习岗位操作技能的时间，影响了生产的效率，也给自己的管理带来了困扰。很多时候，个体的工作效率直接影响着整体的工作效率，一个员工如若技能不足，整体部门的效率和业绩都可能因此而打折扣，甚至导致反复返工。所以，在大形势下，重视员工技能的培训和开发，是企业主必须要马上落实实施的一件事。

重视和强化员工技能的培训，可以增强企业的竞争力，实现企业的战略目标；另一方面将员工个人的发展目标与企业的战略发展目标统一起来，满足了员工自我发展的需求，调动员工工作的积极性和热情，增强企业的凝聚力。企业有了凝聚力，那么员工就不会总想着跳槽了，因为他们会觉得在这样的企业中工作——能学到技术，有奔头儿。

一些企业主因为觉得要控制成本，所以觉得对员工进行培训是在"增加成本"。对此，"经营之神"松下幸之助曾告诫过松下公司的高层："企业培训成本很高，但不培训成本更高。"

中小企业需要控制成本，但在对干部和员工培训方面，则应当适当地加大投入。干部的管理技能和职业操守提升了，员工的操作技能和素养提升了，生产效率自然也会提升，企业效益也会相应增加。在培训方面合理投入的成本，是对企业最有价值的回报。

同时，有"远见"的企业主，亦应看到产业结构调整的大势，要加快在技术人才储备上的投入，提升企业的"造血"能力，培养有发展前途的"技术员"，才能在大形势中立于不败之地。那些"临时抱佛脚"的企业，都不会得到很好的发展。

当然，针对企业中普遍存在的员工心态浮躁、频繁跳槽的现象，一些企业主不是积极地想办法创造留人、育人的环境，让员工看到留下来的发展希望，而是害怕辛辛苦苦花代价培养出来的"骨干"或员工跳槽，最后落得个"鸡飞蛋打"的结果。这也是一种"格局小""短视"的表现。

21世纪已经进入了体验经济时代，企业竞争的焦点不仅是资金、技术等传统的资源，更是建立在人力资本基础之上的创新能力。同时经济的全球化发展使得企业间的竞争范围更为广阔，市场的变化速度日益加快，面对这种严峻的挑战，企业必须保持持续学习的能力，不断地追踪日新月异的先进技术和管理思想，才能使自己的"产品"或"服务"保持弹性的竞争力。

第二章

制度外管人：用"小策略"撬动大业绩

　　在具体的日常管理中，存在两种管理理念：制度管人和制度外管人。前者认为下属都是消极懒惰的，不能给好脸色，要制定严格的制度来约束他们；后者认为下属都是积极勤奋的，不能把他们当成是制度控制下的机器，而是要人性化对待。依照"制度外管人"的理论，领导者的重要任务是创造一个使下属能够发挥才能、发挥潜力、自愿为实现组织目标贡献力量的环境。此时的领导者已经不是指挥者、调节者或监督者，而是起到辅助者的作用，从旁给下属以支持和帮助。"制度外管人"理论强调的是，对下属的激励主要来自工作本身的内在激励，让下属担当具有挑战性的工作，要负担更多的责任，促使其做出成绩，满足其自我实现的需要。领导者要给予下属更多的自主权，让下属参与领导与决策，共同分享权利。

效益都是"危机"逼出来的

管理的目的就是"创造效益"，判断一个管理者或领导者能力强弱的关键，要看其带领团队或下属创造效益的大小。当然，要出效益，考验的是管理者的管理方法或手段。

公司成立初期的前 2 年，人员较少，业务量也较小，几个员工分工明确，各忙各的，工作完成得较好，公司的业绩提升比较快。随着公司规模扩大，员工增加到 30 多人时，我发现了一个不好的现象：公司总是呈现出死气沉沉的局面，许多员工在自己的岗位上开始养尊处优，他们只习惯于做表格、做汇报，却不去重视具体如何去突破自己、创造业绩。这时我才意识到了危机：如若不改变管理策略，必危及公司的生存。

在此状况下，我针对每个员工的具体岗位，制订了明确且残酷的考核标准。即用表格将每个员工每天的工作量化，并在月终总结，纳入月底的考核系统，将排在末端的那个人淘汰掉。也就是我们平时所说的"末位淘汰机制"。这种考核机制的难点在于：如何将每个岗位上员工的工作量化。这个就要根据公司实际的情况进行分析了。比如，公司的生产部门的员工，每天做了多少工作量，能产生怎样的实际效益，都需要管理者认真用数字去进行量化。这是一种极为残酷的考核标准，目的是拿那些排在最末端的人，刺激更多的员工树立强烈的危机意识：自己的位置并不保险，只有努力向前不停地奔跑，才不至于被淘汰。这就像管理中神奇的鲶鱼效应，是一种有效的激励手段，促使他们去积极参与竞争。只有通过不断地竞争，才能激发出员工的全部潜能。因为竞争可以将个人的荣誉感激发出来，员工为了捍卫自己的面子、自尊，会去拼命地释放自己的潜能。要知道，人都是有惰性的，只有当竞争性表现出来的时候，他们才能够战胜自己的惰性，为了博取一个生存的位置去努力，直接为团队做出贡献。

在一些会议中，我经常会对部门经理们说一句话："员工的业绩都是与其他员工比出来的，公司的效益是危机逼出来的，不是用嘴巴讲出来的，所以你们不要跟我汇报部门做了多少工作，付出了多大的艰辛，我只看报表，看结果！"

在引进竞争机制方面，华为的理念值得我们借鉴。任正非曾明确将华为的员工分为三类，第一类是普通劳动者，第二类是一般奋斗者，第三类是有成效的奋斗者。任正非说："我们处于一个竞争极为激烈的市场，又没有什么特殊的资源与权利，不奋斗就会衰落，衰落后连一般的劳动者也保护不了。我们强调要按贡献拿待遇，也是基于这种居安思危。我们从来不强调按工龄拿待遇。经常看到调薪的时候有人说'这个人好几年没涨了，要涨一点工资'。为什么？这几年他的劳动质量是否进步了？他的贡献是不是真大了？如果没有，为什么要涨工资？我们有的岗位的职级为什么不封顶呢？要封顶。有的岗位的贡献没有变化，员工的报酬不能随工龄而上升。我们强调按贡献拿待遇，只要你贡献没有增大了，就不应该多拿。"从此处可以看出，华为不以工龄和刻苦来分配薪酬，而是以"效益成果"来分配薪水，这也是华为公司业绩飞速发展的关键。

一位华为的管理人员也曾告诉我："在华为不要觉得自己拿到了股权，一年能分几十万工资就高枕无忧了。如果你不继续努力，稍微懈怠，你的位置随时就会被人取代。不仅在员工之间，在管理者的同级对比中，竞争机制也是极为残酷的。"

马云在谈及公司迅速成长的秘诀时，说道："因为我总是让员工和自己充满危机感。如果不想死于安乐，就要一直让自己活在冬天。"

通过有效的管理方法在企业中营造强烈的竞争氛围，是每位管理者或经营者必须要去完成的任务。下属可以做不到最好，但他一定要能够努力地向更好的方向前进，不能出现懈怠和混日子的思想。

身为管理者或经营者，如果你能采取有效的方法让员工时时感觉充满压力和危机感，同时，又能督促他们积极主动去改进自己的工作素质，而且自觉自发地去充电和学习。那么，你公司的效益一定差不到哪里去。

明确什么事是自己该管的

在现实中，管理者应明确：什么事是自己该管的，什么事是自己不该过问的。否则，则有可能使你的管理工作出现误区。如若你事事都要管，事必躬亲，职权越位，很容易带出弱兵；而如若你事事都甩手不管，不加过问，很容易在企业内部营造一种"松懈、涣散、拖沓"的工作氛围。所以，身为管理者一定要明确什么事是自己该管的，什么事是自己不该管的，让下属在宽松有度中平稳发展。

对此，可以以这样一个故事来说明：

西汉有个丞相叫丙吉。有一天，他到长安城外视察，路边有人打架斗殴，把人打死了。看到丞相出巡，有人便拦轿喊冤。丙吉吩咐绕道而行，不要管他。走了不远，丙吉看到一头牛在路边直喘气，于是便下轿，围着这头牛转了好几圈，左看右看。

对于人们所说"丞相关心牛远远胜过关心人"的质疑，丙吉解释说，我是丞相，打架斗殴，自有地方官按律处理，我不能越权去过问。现在天气还不够热，这头牛就在喘气，我怀疑今年会有大的瘟疫流行，预防瘟疫流行是天下大事，丞相应该管。

丙吉的做法是"干自己该干的大事，小事让下属去各司其职"，这样各级官员职责分明，上下有序，朝廷大政方能够井井有条。据《汉书》记载：丙吉当政时，国家一天比一天繁荣富庶，广大百姓安居乐业，社会风气良好，连刑狱案件都极少发生，史称"昭宣中兴"。

这告诉我们，不做职责以外的事情，不多管闲事，才是做大事的企业领导者。实际上，这一点管理心得也是我在实现中"悟"出来的。

在公司刚成立的时候，我曾招过一个助理，人特别聪明能干。有一次私下里，我听到她在对我"吐槽"：我老板的执行力极强，做事都要求完美，最重要的是，绝对的亲力亲为，把我的工作都代劳了，这让我很郁闷，我的活儿都被老板干了，我待在这里已经毫无意义了，最近正在考虑辞职的事。听到这样的话，我方才意识到自己犯了一个大错，凡事事必恭亲，带来的后果是极为严重的。第一，使下属丝毫得不到锻炼的机会，极难培养出能独立决策、独当一面的下属；第二，自己每天忙碌不堪，没有时间静下心来考虑整个公司的全局性问题。要知道，身为公司的一把手，最重要的职责就是制定公司未来的发展方向。如果自己整天忙于处理公司的小事，那必会使公司其他员工在缺乏大局观的情况下走弯路。所以，身为管理者，每天到公司后，一定要十分清醒地明白：什么事情是自己该管的，什么事情是自己不该管的，切勿事必躬亲。实际上，真正懂管理的领导是业务的核心部分自己牢牢把握，但一定是充分放权，培养一批骨干，发挥各自岗位的职责，运用他人的智慧，让别人去帮自己打点生意、处理业务。研究表明，最成功的人并不是那些事必躬亲的工作狂，而是那些懂得自己最需要做什么，并能运用资源，在最短时间内完成它们的人。

"管头"与"管脚"的要诀

管理界流行这样一种思维：一个合格的管理者要"管头""管脚"，而不是从头管到脚。讲的是管理者要管到点子上，做管理要抓住关键。当然，这是指当企业发展到一定规模，各个部门都配备了齐全的管理人员时，身为公司的"一把手"，就要学会放权，管到点子上。就如杰克·韦尔奇所说的那样：管得少就是管得好。所谓的"管得少"就是要管到点子上，只管该管的，不该管的坚决不要管。

身为公司的总经理，我曾为公司的高层管理人员做了一次别开生面的培训游戏。在游戏前一天，我为每位参加者发了一顶帽子和一双球鞋。

然后，我问他们："今天为什么要发帽子和鞋子?"他们说：

"不就是为了明天的登山活动吗？"我又问："假如我还发衣服乃至内裤给你们，大家会有怎样的感觉呢？"这时候，所有的高层管理者都面面相觑，纷纷摇头道："还是不要了，感觉怪怪的，真是不舒服！"我说："对了，你们不要，我也不该给。"这就如管理一样，只要"管头管脚"就可以了，切勿"从头管到脚"。

的确，在现实生活中，总是习惯于相信自己，放心不下他人，经常不礼貌地干预下属的工作过程，是许多管理者的通病。管理大师德鲁克说，注重管理行为的结果而不是监控行为，让管理进入一个自我控制的管理状态，为了进入这种状态，管理者应该管好"头"和"脚"。具体来说，管理者要如何去做呢？

第一：关于"管头"的问题，具体可以从以下几点出发：

1. 做什么

管理者应该清晰地描绘组织的未来，聚焦战略目标和路线，把"做什么"这个问题想清楚，并透彻地讲给部下，为他们指出极为明确的方向。

2. 谁来做

通用电气公司用 6 年时间来选一位 CEO，可见选人之重要。在"谁来做"的问题上，一定要养成对事不对人的思维习惯，重诚信，重结果。当不良结果已经出现，即使是那些长期在公司忠诚服务的人员，一旦他不再适合原来的岗位，在兼顾到企业"良心"的同时，必须坚决地予以调换。

第二：所谓"管脚"主要有三点：

1. 资源到位

美国微软公司项目开发效率极高，其原因之一就是给项目小组配置充分的工作资源，包括资金、人员、工具等。这是因为，巧妇难为无米之炊。管理企业不是做官，而是做事。身为管理者，必须要给部下创造一个宽松、信任并能获得强有力支持的工作环境。

韦尔奇说："我的工作就是为最优秀的职员提供最广阔的机会，同时最合理地分配资金。这就是全部。传达思想，分配资源，然后让开道路。"合适的人到合适的地方去做事，同时获得合适的空间和资源，这样，员工的潜能自然就能迸发出来。

2. 教练角色

教练是不能上场的，只能在场下作指导。企业管理者的角色就如教练一般，应该多一些组织、辅导和制衡，而不是老是想着自己上场。

可是，在日常的管理实践中，一旦面对紧张阶段或者是棘手的问题，管理者往往会不放心部下的办事能力，将自己陷入烦琐的事务中去，甚至会把事情搞得更糟。殊不知，越是有问题，就越应该放手让部下去做他该做的事情，越是要让他按照自己的方式去实践。错了，让他去体会；对了，也让他去感悟。难事和错事往往最能造就人才。

3. 注重结果

工作结果是衡量成败的唯一标准。就如同进行越野比赛，只要把起点、终点和比赛的路径确定下来，每个人都可以按照自己的方式去拼。至于谁快谁慢，为什么快，为什么慢，自然会看得清楚一些。

比如，美国有不少高科技公司采取弹性的工作时间：不规定员工上午干什么，下午干什么，对于特定的任务，只是给定一个完成的期限，具体的过程就由员工自己来安排，最终以结果来衡量工作业绩。公司给予员工足够的空间，员工则回报给公司极大的努力，从而形成一种良性循环。由此可见，将实现结果的过程交给部下，又用过程的结果来衡量部下，实在是一种极有效的管理方法。

保持与下属的心理距离，不近也不远

法国总理戴高乐说："伟大的人物必然会与别人产生距离，因为没有威信就不能树立权威，没有与世俗的距离就不能产生威信。"可见，在现实中，管理者须与下属保持一定的距离才能树立权威，赢得员工的尊敬。

有些管理者认为，越是平易近人，越与员工打成一片，越能够赢得员工的尊敬。结果却是恰恰相反的，孔子曾说："临之一庄，则敬。"意思是说领导者不要和员工过分地亲密，一定要保持一定的距离，给员工一个庄重的面孔，这样才可以获得他们的尊敬。

有些管理者宽厚仁慈，试图与员工建立一种"亲人式关系"，这种良好的心愿往往在实际运用中屡屡受挫。与员工不分彼此、交情深厚，员工就可能恃宠而骄，难免会散漫，执行力不够强，工作易受阻；也因为彼此间没有了距离，员工会对你的生活习惯、个性爱好等了如指掌、全面掌控，难免会被一些员工投其所好甚至会瞄准领导者的弱点，巧言令色、步步为营，让领导者权力被架空；也不排除某些员工会依仗着与领导者的"交情"，狐假虎威、发号施令，不分里外、上下、轻重，对领导者失去应有的尊重与敬畏之心，严重地损害了领导者的形象与威望。同时，领导者若经常与一部分人打成一片，难免会忽视其他人，厚此薄彼，显然不利于工作的开展，也可能会偏听偏信，被误导视听，阻塞了进谏之路。正直忠诚者被拒之门外，别有用心者却近在身旁，久而久之，难免会出现问题，给公司的发展造成危害。

古语有"近由庸、疏则威"，讲的就是领导者与下属之间一定要保持适当的距离。这样可以获是许多独到的好处：可以避免下属间的嫉妒与紧张，减少下属对自己的恭维、奉承等行为，避免对自己所喜欢的下属有认识上的偏颇。如果与下属建立过于亲近的关系，会给工作带来诸多的难题，比如有些人会提出一些不合理的要求，若不满足，便会抱怨。

要保持这种距离，领导者需要注意个人的隐私。人人对神秘的东西都会保持敬畏，一个被别人看透的人，自然会被人轻视，也就无从有效领导。聪明的领导者一般都喜欢将自己的思想感情隐藏起来，喜怒不形于色，不让别人窥出自己的底细与实力，保持一定的神秘感。保留一点儿神秘感，会让人产生一种深不可测的畏惧，下属便会小心翼翼地对你，而不敢试图去轻视或去轻视你的命令。

心理学上有一种效应叫"背光效果"，指的是让下属体会领导威严的一种有效手段。因为人的心理是极为微妙的，一旦不了解对方的表情，心里就会感到不安，这个时候你去责备你的下属，震撼力便会变得强烈无比，即使用一般的语调，下属亦会格外地在意。

懂得给下属"施恩"

有经验的领导者，见到合适的机会就会立即对下属"施恩"。比如说，领导者恰如其分地赞扬下属，就是对下属的关注和承认，必然会起到鼓励下属的作用，引发下属感激的心理效应，甚至会把你当成知己，有可能为报"知遇之恩"而全力以赴地做事。

每个人都有"受到他人的关心与赏识"的心理欲求，管理者若能抓住这个心理特点，适时地对下属表达出你的关心、鼓励或赏识，哪怕下属取得的只是一点小小的成就。

国内微波炉界的知名企业格兰仕，对此有着独特的见解与实践经验。对于骨干队伍，采取高薪绝不是唯一的方法，金钱的激励作用通常是随着时间递减的，领导者需要对企业的感情投入和职业道德进行激励，不能让员工有短期套利和从个人私利出发的心态。

格兰仕对高层领导者强调用工作本身的意义和挑战、未来的发展空间、良好信任的工作氛围来激励他们。格兰仕的岗位设置相当地精简，每个工作岗位的职责范围很宽，这既给员工提供了一个大的舞台，可以尽情地发挥自己的才干，同时也给了他们压力与责任。在格兰仕没有人要求你加班，但是加班却是很经常的，也是自觉的，因为公司要的不是工作时间和形式，而是工作的实施。同时这也是公平的赛马机制，众多的领导者在各自的岗位上，谁能更出色地完成工作，谁就能够脱颖而出。格兰仕为员工描绘了美好的发展远景，这也意味着给有才能的人提供了足够的发展空间，这样便大大地激励了富有事业心、有长远抱负的领导者。

公司小时须"管事"，公司大时要"管人"

在管理界曾流行一句话"小公司管事，大公司管人"，指的是大公司与小公司的差异所导致的管理策略是不同的。小公司人少，事情一般也不那么复杂，什么事情需要管，老板一目了然，因此，有事便管事，是一种极为简单有效的管理方式。

而大公司则不同，大公司人多、事杂，如果还坚持管事为主，那么管理者则会永远跟在事情后头跑，很难将公司经营管理好。最为明智的做法就是制定制度和流程，通过管人来控制企业的流程，让大家各司其职，管好了人，事情也便顺畅了。

一家科技公司属下的连锁店面有60多家，员工600多人。这样一家公司，应该称得上是一家大公司，因为它的店面比较多，人员比较多，涉及的事情也较多。按道理来说，应该制定合理的工作流程，通过管人来达到管理公司的目的。但是公司老板依然坚持管事，大小事情，全部都要过问，结果公司经常出了事情后找不到解决的方案，公司永远在亡羊补牢。而公司的多名管理者对此也感到力不从心，先后都离去，老板也非常地烦恼……

直到有一天，一位企业管理界的专业人士给老板出了主意，帮助他制定了十分详细的工作流程，用制度规范人，以管人为主。至此，公司改变了过去的管理模式，运营状况也越来越好。

对于公司来说，管事比管人要容易得多，但对于大公司来说，管好了人，做事才会更容易。

因为小公司的人事架构简单明了，没有太多的等级，通常是扁平化的管理模式。很多小公司员工佩戴的名牌都是一样的，除了名字外，没有任何职务标注。公司内部没有上下级之分，下属对上司也是直呼其名，营造出一种平等、随意、亲切的工作氛围。小公司的老板往往敢于打破层级概念，直接深入基层与员工进行对话，缩短距离和交流的难度，有什么事情员工会直接和老板反映，然后立即制定解决的办法。

相比之下，大公司人事架构相对复杂，层级分明，通常采取制度化管理、层级化管理。公司上司和下属穿戴显然不同，彼此称呼也与小公司的不同。在沟通中，下属一般向上司反映情况，沟通不如小公司那么顺畅。如果这个时候依然采取管事为主，那么出了问题之后，再层层反映到老板那儿，事情早已变了样，不利于及时解决问题。只有管人，让人对事负责，出了什么事，让相应的人去负责，这样才能及时将问题消除在萌芽状态，从而保证企业的稳定发展。

身为管理者，一定要认识到小公司与大公司的不同情况，采取不同的方式来管理。只有针对公司的具体特性，坚持小公司管事，大公司管人的管理模式，才能把企业管理好。

着重去树立自己的"威"与"望"

在管理中，"不令而行"是成本最低的管理方法，当然这依靠的是领导者强大的领导力，即领导者要靠自己的"威"去震慑，要靠自己的"望"去使人信服。当然，要树立自身的"威"与"望"，一方面要靠"人格"去塑造，另一方面还要靠"实力"去塑造。

汉朝的汉武帝刘彻与汉光武帝刘秀，可以说是代表"威"与"望"两种类型的领导者。

汉武帝睿智、果敢，以绝对的权威解决了诸侯独霸、权力纷争、制度异化、匈奴侵扰等问题，他征讨匈奴，讨伐朝鲜，讨西南，开西域，占河套，灭南越，收东瓯，交乌孙，诛大宛，拓宽了汉民族的生存空间，勾勒出了今日中国的基本轮廓。他"罢黜百家，独尊儒术"，对后世产生了极其深远的影响。汉武帝之所以能够成为"功越百王"的历史英雄，就是靠自身足够的威信，保证了属下忠实、坚决地执行他的命令。

而汉光武帝刘秀则不同，他年轻时性情柔和，是一位老实、憨厚、勤劳的庄稼汉。后来远赴长安，拜中大夫许子威为师，学习《尚书》等。这期间，刘秀通过专心钻研，刻苦学习，使自己有了渊博的学识和过人的智慧，加上他温和谦虚、机智果断的性格，他成了一位极富魅力和感召力的人物。在后来反对王莽、恢复汉室的斗争中，刘秀具有敏锐的政治眼光，他释放奴婢、囚徒，减免赋税，减轻刑法，用以瓦解敌军，以壮大自己的势力，也进一步提高了其人格魅力，让他深孚众望。最终，刘秀在部属的簇拥下足登大宝，成为东汉的开国皇帝。

从此处可看出，一位管理者的"非权力"影响力的塑造，一方面要靠实力，另一方面要靠人格魅力。所以，在日常管理中，管理者一方面必须要在提升个人实力或专业技能的同时，还要着重修炼人格魅力。具体来说，可以从以下几个方面出发：

1. 以德取威，用优良的品德去感染人

德是为人之本，为官者如果品德高尚，正气浩然，就必然会在员工中产生一种人格力量，威望便不言自高。

2. 以学取威，用广博的学识去折服人

广博的学识亦是管理者应具备的基本素质，也是管理者树立个人威望的重要途径。

3. 以才取威，用超群的才干去带动人

"才"对于管理者来说是领导力，它包括预测能力、决策能力、指挥能力、组织能力、表达能力和创新能力等。一个才干超群的管理者，能够使人产生一种依赖感与安全感，即便是遇到艰难险阻，员工也会在其感召下同心同德地跟着他干。

4. 以信取"威"，即指用诚实的态度取信于人

信即是讲信用，说话办事要说到做到，做到"言必信，行必果"，任何情况下都不失信于员工，使自己享有崇高的威望。

5. 以情取威，用真挚的情感凝聚人

一个称职的管理者，只有将单位组织和员工的利益作为最高利益，才能与员工建立起牢不可破的感情，才能形成铁的凝聚力。也只有这样的管理者，才能获得人们的依赖，形成自己的领导权威。

6. 和颜悦色

在生活中，我们会发现，领导越大，越是和颜悦色，越是有权力的人就越是特别的和蔼，和蔼得让员工敬而生畏。虽然和蔼但是不怒自威，因为他能够决定员工的命运。这种威慑不仅仅源于他的职位，更源于他牢牢地控制着这个单位组织的实力。

7. 同时，管理者亦要有不鲁莽、不武断的性格，也就是遇

事不刚愎自用，在关键时候能时刻保持清醒的头脑

对管理者来说，所谓的"魄力"并非是要你逞一时之勇，并非是表面上的轰轰烈烈，而应该是深谋远虑、百折不挠地不断壮大的内在驱动力。

8. 不霸道、不狂傲

很多时候，管理者魄力的产生不是凭"形于色"的张力，并非要锋芒毕露，咄咄逼人，而是要靠精华内蕴的"底气"。所谓的"魄力"是智慧与坚毅的结合。再者不狂傲，即指无论是什么人，若总是自居其功，自恃其才，往往会在自以为是的感觉中步步陷入主观臆断的泥潭。真正有魄力的人，愈到紧要关头，愈是沉着冷静，不露声色地静默观察、刚柔相济，化解压力于无形，取得最后的胜利。

总之，管理者的"威"与"望"，主要靠人格魅力获得。当然，这人格魅力中既要有良好的"人格"因素，亦要有使组织队伍变得更为强大的"实力"因素。

小公司的生存策略：平衡好公司与员工的利益

公司在创立之初，都会遇到"资金少、人才少、业务少"的生存困境。为了从这些困境中"突围"，许多老板在招揽员工时，都会与他们大谈情怀。当然，我也曾有过这样的管理经历。

当初开这家公司，纯粹是出于个人对于本行业的爱好。那时候，我正年轻，意气风发，带着一厢情愿的乐观和一叶障目的自负，心想这并没有什么困难的。

　　开业第一件事情，我便给公司树立了一个貌似极高尚的定位：做一家有温度、有情怀、有归属感、有幸福感的新型创业公司。

　　为落实这种"四有"原则，我决定对员工进行人情化管理：不打卡，不按制度办事，工作时间较为弹性。并且经常性团建聚餐，每周开分享会、按员工意愿与特长分配工作，对那些失职的员工给予耐心地指导与和蔼的开解。我还亲手在公司搭健身角，鼓励大家多多锻炼身体，时刻保持良好的状态，甚至还和员工同吃同住。

　　这些噱头的确一开始便吸引了不少的眼球，很多人都是慕名而来。这一切看起来极为美好，但这种状态没能持续多久，公司便被搞得一团糟，有不少员工便开始陆续地提出了辞职。当时有些惊讶，我对这些员工都不错，悉心培养、无私传授，一周工作两三天就能完成规定的任务。但是一些辞职的员工直言不讳：工作氛围不错，但就是工资有点低。大家都不好意思提涨薪，一是工作量太轻，二是知道公司业务范围太小。思来想去，便想着另谋高就。

　　后来，我开始反思自己：我用了太多时间去构建所谓的公司文化，却没将主要的精力放在拓展业务和渠道上。每个月，公司账面都是不小的赤字，自然是没办法给员工涨工资。自此，我开始改变公司管理的策略：再也不只是跟员工谈什么情怀，而是要悉心埋头做业务。在大家的薪水得不到满足时，跟大家谈情怀，未免显得华而不实。

　　其实，身为老板，在创业初期真正要去努力的，就是最大程度地激发属下员工的工作积极性，确保公司活下来，其次是筛选出合适的同行者，给予充足的物质与精神上的奖励，激发他们为公司创造出更大的利益，进而再谋求公司进一步的发展。

关于此，我的一位刚参加工作的堂弟让我感触颇深。在一次全家聚餐的时候，我听到叔叔在抱怨堂弟太不踏实，又从一家单位辞职了。堂弟也是满肚子委屈："我那个单位老板太不实际了，整天给我们大谈价值观，畅想公司未来的发展。跟我们大讲让我们加班，不是为公司加的，而是为了实现自身的价值，得到更多的锻炼，为以后的发展打下坚实的基础，毕竟机会是留给有准备的人的……老板总跟我们大谈情怀，却不愿意坐下来给我们实实在在地谈谈报酬，我加班辛苦，但是得有钱赚啊……"堂弟的话听起来有些糙，但是确实是有些道理的。

身为管理者，你可以跟员工谈情怀、谈情感，但如果只是打感情牌、画大饼，开着一张张口头支票，却给不了员工任何实质性的东西和发展空间，久而久之，必然人心涣散，甚至产生背离之心。

五代十国时期，唐庄宗李存勖创建了五代的第二个王朝后唐。李存勖在吞燕灭梁的过程中驰骋沙场15年，堪称一代豪杰。然而，在不到三年的时间里，他却变成了内外叛离、置身无所的"独夫民贼"。究其原因，"有功不赏"与"忌杀功臣"是他败亡的主要原因。

李存勖取得江山，是将士们出生入死打下来的，李存勖还多次被将士们从敌军的重围中救出性命。但李存勖在取得政权之后，却将忠心耿耿的将士的功劳全部都抹掉，他曾竖着手指向别人炫耀说："我得天下靠的就是这十个指头。"

李存勖将全部的功劳都归于自己一人，而那些与他一起出生入死的士兵所得的奖赏却是十分微薄，生活穷困不堪。即使遇到灾荒，李存勖也不给予抚恤。那些与李存勖在一起出生入死的将军，不但没得到他的奖赏，反而被他一个个地杀掉，这让所有的功臣都十分地寒心。最后终于激起内部的叛变与反抗。李存勖在兵临城下的时候，才想起来要收买军心，拿出钱来分给士兵。但此时的"奖赏"反而招来了破口大骂："我们的妻子儿女早饿死了。要这些有什么用！"李存勖只得神色极为沮丧地承认自己完了。

其实，所有管理者都应认清一个道理：财聚人散，财散人聚。你想要将人才聚拢来，首先要学会"散财"；你想要将钱聚拢在自己手上，人必然也会散去。最终永远得不到大财，这是凝聚人才的硬道理。

实际上，忠诚和情怀，必然是要建立在公司与员工利益分配处于一个合理的平衡点上，一旦这个平衡失控，情怀则不复存在。当公司出现人才流失时，老板首先要反思的是，自己的薪酬机制是否合理，你是否给了员工持续增加收入的机会，是否给了员工一份可以为之奋斗一生的事业呢，如果这些都没有，你也没必要与员工大谈情怀，大谈敬业、忠诚等，如果你给不了员工当下和未来，那就不要期望员工与你一起拼命。

企业生存需要利润，员工生活需要合理的报酬，这是放之四海皆准的管理命题。

保持严苛,以一种柔软的方式

管理者一方面要与员工少谈情怀,多谈报酬,并不是说管理者与员工之间,除了谈工作、利益外,丝毫不沾染其他情感。在管理场上曾流行这样一种说法:大公司靠制度,小公司靠人情。这话一点也没错,大公司没制度那将会是一盘散沙,小公司如果没有人情味,也没有人愿意待下去。当然,这里所说的"人情味"并非指一味地纵容员工,丧失原则地一味地讨好员工,而是以一种柔软的方式,保持公司执行力的严苛。也就是说,"人情"是为公司严苛的执行力或制度保驾护航的,它是"严苛制度"得以推行的"润滑剂"。这点管理心得,是我从一位华为员工的管理日志中获得的。

一位已经离职的华为员工曾这样描述华为的管理:极度敏锐的市场嗅觉,强烈的目标导向,不达目标誓不罢休的开拓精神,为"目标"不惜牺牲一切的"狠"劲儿,目标达不成时毫不容情的问责……他讲述了其所在的部门为开拓一座古城 4G 网络建设的实情:

那是中国南方一个网络建设较为落后的古城,其中的网络布局极为落后。因为古城是最核心的景区,物业极难协调,站址根本谈不下来,建设工作更是寸步难行。

按照当时的工作界面划分,站址物业协调本应该是运营商负责,工作难以开展,身为厂家的我们丝毫没有办法。

华为公司获知了这些信息,敏锐地意识到,这是扩大市场份额的极好的突破点。

我们办事处领导第一时间召集相关部门最高负责人开紧急大会，下达了死命令：必须攻下该古城的 4G 网络建设及运维。

为了让属下顺利完成任务，该负责人又附加一句：如果顺利达成，所有人升职加大幅度涨薪，同时向中国区申请各类奖项、奖金；如果完不成，所有人都辞职走人。

接下来，该销售部的主管也立下了"军令状"，随后便二话没说带着他的团队开始"玩命"似的干了。无论刮风下雨，他们天天蹲守该古城，与各方不停周旋，大有"不破楼兰终不还"的气魄。

当然，最终的结果就是将这个订单攻下来了。就是凭借这个里程碑式的项目，这位销售主管现在已经成为公司的合伙人之一，负责人当然也兑现了承诺，对每个参与这个项目的员工都给了相应的重赏。

相比起来，在极长的一段时间里，我们的员工都太习惯为自己找借口了。

比如，业绩攻不下来，会找借口说：公司规模和实力都太弱了，客户根本不搭理我们；

技术服务层面跟不上：客户真的太苛刻了，总是提各种无理的要求；

广告效益差：审美疲劳吧，户外漫天的广告宣传，我们的产品根本没人关注；

错过本可以拿下的合作机会：谁让我们公司的报价没有竞争力，人家不跟我们合作很正常啊；

……

　　一切都是为自己的懒惰与不敢死磕找借口，而我刚开始对员工不合时宜地一再宽容，也是导致借口不断滋生的温床。

　　提了提升公司的盈利能力，到后来我开始严苛起来了。对新进来的员工下达任务：一个月为限，每个人下达硬性的业务任务。做到直接转正，否则离开。

　　销售部则更加简单，一个销售员如果一个月内连自己月薪的订单都签不下来，那就请另谋高就。

　　最后，我要说：盈利是公司最核心甚至初期唯一的目的。人情与关怀可以有，但永远不能凌驾于此目的之上。

员工不买账，是你讲道理的方式出了问题

　　在很多公司，尤其是中小型的公司，老板总觉得管理难，是因为很多员工都爱将精力消耗在搞关系上。上下级关系、内外部关系，将人与人相处最为简单的问题复杂化、关系化，因此让本来该简洁、高效的管理变得复杂和烦琐起来。

　　为了搞关系，开会发言不能简单，需要察言观色再开口，以防祸从口出；处理工作问题更需要谨慎小心。公司中的高层可以简单，因为权大者说了算，可基层的"小人物"却简单不了，他们要绞尽脑汁维持"关系"，许多人都会为此而感到痛苦，很多本来能够简单处理的问题，在"关系"面前则变得不能简单。如此一来，基层员工办事的程序开始变得烦琐，一件事因多人管，多人管就要"拜八方"，往往会搞得无所适从、筋疲力尽。这种"简单的事情复杂办"，不但影响了办事效率，也阻碍了公司的发

展，又磨灭了基层员工的创造力和进取心。很多老板意识到这个问题后，想从根本上改观，除了改变公司内部的管理方式，比如建立严格的考核制度，让每个员工的业绩都与工资挂钩，这样可以从根本上改变管理方式，但是身为老板，你还应该做到一点，那就是通过口头教育的方式，让员工从主观上端正工作态度。

可现实中，很多老板只会给员工讲大道理，使员工烦不胜烦，根本不买账。要知道，很多时候，员工不买你的账，是因为你无法将你的观念、想法用合适的方法传播到他们的心里去。也就是说，你说出的道理，没能够触及他们的心灵。

刚毕业的第二年，我曾为一家国内知名的广告企业做营销策划。这家公司安排行政主管小陈负责接待工作和项目的跟进。小陈是个年轻人，二十七八岁的样子，名牌大学硕士毕业。他有很高的悟性，学什么都很快，但每次见到他，他的表情总是木然、愁眉苦脸的。有一次，项目组聚餐，席间，我跟他有了下面这段对话：

小陈对我说："我非常佩服你的管理方式，你每次讲话，都能说到我的心坎上，真的很让人信服。这些实战经验，你该好好地传授给我们老板。他每次在给我们分配任务或提升士气的时候，总谈一些大道理，干巴巴的，实在让人提不起兴趣来！所以，公司的士气总是很低落，很多员工一到开会时间就会没精神。"

我听了，只是笑了笑，没有表明自己对这件事情的态度。

他很谨慎地又提问："您也是从基层做起的，我想问的是，您在做第一份工作的时候，每天快乐吗？"

我有些纳闷，他很突兀地问这样的问题，但我很认真地回答："很快乐，人生的第一份工作，总是能让人心怀憧憬的。"

他接着问："那当时，你们单位有人事争斗吗？严不严重呢？"

我很诧异，但仍然很认真地回答："我不知道。"

他接着问："那你参加了单位的派别吗？"

我很诧异地反问："有派别吗？我没感觉出来有。"

他有些失望地说："你可真是个奇人，难道作为一个新人，你不了解一个单位的人际环境吗？就像我们单位，经理和副经理之间因为有矛盾，所以内部争斗很严重。这是我的第一份工作，我想专注于工作，但单位的人事纷争真的很让人闹心！你说，我现在该不该换一份工作呢？"

我明白了他的意图，但却无法直接回答他这个问题。于是，就给他讲了一个苏格拉底的故事：

"一次，苏格拉底将几个弟子叫到身边，问了他们一个哲学性的问题。他问道：'如何才能除掉旷野里的杂草？'

弟子们听罢这个问题后目瞪口呆，没想到老师竟然会问如此简单的问题。

一位弟子说道：'用铲子把杂草全部都铲除！'苏格拉底微笑着点点头。

另一个弟子说：'把石灰撒在草上就能除掉杂草！'苏格拉底还是点头微笑。

第三个弟子说：'不用那么麻烦，只要一把火就可以将草烧掉！'苏格拉底依然微笑不语。

第四个弟子说：'他们的方法都不行，用那些方法，过不了多久草照样还会长出来的，斩草就要除根，必须要将草根全部都给挖出来。'

待弟子们讲完，苏格拉底说：'你们都讲得不错，但这并不是最根本的办法，要想地里不长草，就要将那块地种上庄稼！'"

　　我真诚地告诉小陈说："'欲除杂草，必先种庄稼！'要想去除你内心的杂草，就要先将注意力放在学习、工作等正经的事情上。小陈，你知道吗，我在做第一份工作的时候，当时是一名杂志社的记者，我每天要到一线去采访，要和很多专家约稿。晚上我还要参加各种活动，了解最新的信息；回到家里，我还要读书，要学习；周六日我还要去图书馆，因为我当时还要参与编一本关于营销方面的图书。我连自己手头的事情都做不完，哪会有时间和精力去关心公司内部争斗的事情呢！"

　　小陈听罢，沉默了许久。

　　对于小陈提出的问题，如果你直接给他讲大道理，他一定会觉得你在训导他，从而会产生排斥心理。而以故事的形式讲给他听，则很容易触动他的心，而使他有所启发。

　　身为管理者，当你给员工讲话，他们却不买你的账，很多时候是因为你讲道理的方式出现了问题。很多管理者在跟员工讲话的时候，总给人一种高高在上的感觉。同时，你给他们讲的大而泛的道理，会让人觉得枯燥、难以触动人心。而如果你能以浅显易懂的故事形式给他们讲道理，就会显得朴实、贴近生活，更容易打动他们的心。

讲好能澄清事实的故事

　　在现实中，每个管理者都可能会遇到需要澄清事实的时候，比如被流言或谣传困扰、被上司或下属误解、员工被不实的言论误导致使人心不稳,等等,这个时候能否澄清事实、稳定人心,最能考验出管理者的管理水平。

遇到此类的事,一些管理者一般会召集全体员工开会,并向大家阐明事实。可很多时候,这种方式只会起到适得其反的效果,比如你被某种流言困扰时,你尽管发自肺腑地向大家说明情况,可大家未必会相信,可能只会越描越黑。这个时候,与其向大家正面说明,不如用一个故事来搞定一切。

我们知道,故事都包含着情感色彩和感官细节,它能直抵人的内心,激发人的情感因子和感官因子,尤其是那些带有细节的故事,很容易让人在脑海中呈现出画面感来,从而对你描述的事实深信不疑。

曾看到一个这样的管理案例:

查姆斯是美国著名的推销员,他在担任某公司的销售经理时,一些居心不良的人士到处散布公司出现财务危机的谣言。谣言一传出,其属下的所有向心力与工作热情大减,最终导致公司的整体业绩开始下滑。

由于情况较为严重,查姆斯为了挽救局面,不得不召开一次大会。在会议刚刚开始时,他首先请业绩最好的几位销售员站起来,要他们说明一下近来公司销售量下滑的原因。这些销售员一一都站起来,不是将原因归咎于经济不景气,就是抱怨公司内部的广告做得不到位,再不就是说近来市场上消费者对产品的需求量不大。

听完他们所列举的种种困难后,查姆斯突然站起来要大家肃静。然后接着说:"停,我们的会议暂停十分钟,我现在要把我的皮鞋擦亮一些。"

紧接着，他就把公司附近的一名小鞋匠带到会议室中来，把他的皮鞋擦亮。参加会议的销售人员都不明白他的举动到底是何用意，禁不住窃窃私语。

而那位小鞋匠利索地擦着皮鞋，表现出了最为专业的擦鞋技巧。

等皮鞋完全擦亮后，查姆斯就递给了小鞋匠一美元钱，然后开始重新发表他的演说。他对所有的人说：“我希望你们每个人好好看看这位小鞋匠，他每天都要擦上百双皮鞋，可以为自己赚取足够的生活费，并且每月还可以存下一些钱。他曾经告诉我，他已经将擦鞋的工作当成了一项艺术来做。同他在一起的还有另一位小男孩，年纪要比他大些。比他大一点的这个男孩每天都很尽力，但是，仍然无法赚取足够的生活费。现在，我想问你们一个问题，那个大男孩拉不到生意，是谁的错？他的错，还是顾客的错呢？”

“当然是那个孩子的错。”大家异口同声地说道。

“当然没错了！”查姆斯回答，“现在我要告诉你们，这个时候与一年前的情况是完全相同的，同样的地区，同样的对象以及同样的商业条件，你们的销售业绩却远远比不上去年，这到底是谁的错？是你们的错，还是顾客的错？”

推销员全部都站起来，又发出雷鸣般的回答：“都是我们的错！”

查姆斯说：“我极为高兴你们能够坦率地承认你们的错误，现在我要明确地告诉你们的错误在哪里。你们一定是听到了公司财务发生问题的谣言，才动摇了你们的销售理想，影响了自己的工作热情。不是由于市场不景气，而是你们的推销工作不如以前那样卖力了。现在，只要你们回到自己的销售区去，并保证在30天内提高自己的销售业绩，公司就绝对不会出现财务危机，你们能够做得到吗?"

"做得到!"几千名员工一起大声地喊起来。最终，他们果然办到了，还使公司的业绩突破了历年来的最高纪录。

遇事要先从自身找原因，才能找出解决问题的根本症结。哪怕是最为卑微的职业，只要全力以赴，便能做到最好。查姆斯为了向自己的属下说明这个道理，讲了两个擦鞋匠的故事，使谣言不攻自破，也让员工心服口服地接纳了他的观点，这便是管理能力的最直接体现。试想，如果查姆斯在大家都垂头丧气时，先向大家澄清谣言，再长篇大论地给大家讲大道理，想必没人能够听得进去。所以，一个具有高超管理能力的领导，一定是会讲故事的，而且会信手拈来，让其在关键时刻，使其管理工作事半功倍，使公司内部产生极大的凝聚力和向心力，产生出乎人意料的效益来。

可在现实中，身为管理者如何去讲好一个能澄清事实的故事呢?

我们知道，故事是将细节、人物和事件整合在一起而形成的一个整体。在讲故事时，先要明确你要讲的故事的一个整体线索，然后将事实合理地融入故事之中，让故事依托于事实。也就是说，你要想先好一个故事，再将事实加入，再将事实融入，然后再绘声绘色地将它讲出来。

那么，问题来了，你该怎样去讲呢?

在讲故事时，你的身体和语言就是一个完整的剧场，包括舞台、演员、服装、音乐以及动画，你传达给观众的，绝非只是语言，而是一个集合了听觉和动态的综合表演。所以说，讲好一个故事就好比演一出话剧，你先需要全身心地投入到这个故事中来，这样你讲故事时的情绪、表情才能到位，否则，如果情绪和动作不到位，讲出的故事就无法让人确信。

另外，在讲故事时，你的手势、表情、姿势、眼神等等都要到位，以确保故事的逼真。当然，要想使这些都水到渠成，最好能讲一个自己亲身经历过的故事，这样才能让人身临其境，更让人信服。

“拒绝”下属是个技术活儿

在现实管理中，每个老板都有可能会遇到一些突如其来的要求，合情合理亦无法拒绝，却因形势所迫无法答应，这个时候就要懂得学会拒绝，并将话说得迂回委婉。对于老板来说，这是一门学问，更是一项谋略。

在战国时期，申不害是与商鞅、韩非齐名的法家代表人物，他十分精通驭人之术，多次主张以术驭人。在韩国，申不害辛苦工作十五年，使韩国内政修明，国成小康之治，推行中央集权的君主专制体制，主张以“术”治国，为韩国的兴旺发达做出了杰出的贡献，于是他志得意满，认为自己有了与韩国最高统治者韩昭侯讨价还价的资本，便开始主动伸向往上级要东西了。

面对这种情况，一般的统治者可能会觉得比较棘手，但是真正的谋略家总是能够举重若轻的，可以“谈笑间樯橹灰飞烟灭”。韩昭侯就是这样的人，他运用两个妙招轻松地化解了下属的要求，让其心生愧疚：

第一，韩昭侯大肆鼓吹申不害的功劳，将对方捧上神坛，并将其塑造成不食人间烟火的人生导师。韩昭侯用一句"所为学于子者，欲以治国也。"其意思是说，我一直把你当作可供自己学习的人生导师，想从你身上学到治国平天下的真才实学。从上级领导口中把这句话一说出来，一方面会让申不害内在的虚荣心陡升，戴上成为"帝王师"的圣人光环，享受一种美滋滋的精神满足；另一方面提醒他要爱惜自己的羽毛，维护自己在领导心目中的完美形象。

第二，接下来，韩昭侯又将对方平时取得成绩的原因与当前所提出的请求对立起来，以彼之道还施彼身。韩昭侯讲"所为学于子者，欲以治国也。今将听子之谒而废子之术乎，已其行子之术而废子之请乎？子尝教寡人修功劳，视次第；今有所私求，我将奚听乎？"这句话的意思是，我施行你的变法主张，是为了治理国家。现在是听从你的请求而败坏你的治国之术，还是施行你的治国之术而废去你的请求呢？你叫我任人要"拥功劳，视次第"，现在你有所私求，我究竟该怎么办呢？这句话的本质就是，以子之矛攻子之盾，将两难问题直接丢给对方。这样做的好处有：第一，问题的性质已经发生了转化。将利益分配的问题转化为理论与实践的问题；第二，将矛盾的焦点进行转移。将下属与领导之间的外部矛盾，转化成下属自身的内部矛盾；第三，善意地提醒，列举对方过去的种种光辉事迹，让其为当前的低劣行为而心生愧意。高明的领导者要牢记下属过去的功劳，因为没有比肯定这些事迹，更能够促使下属再接再厉了。

一个成熟的老板，绝不能够使用蛮力去拒绝下属的要求，这样会使下属的自尊心受到挫败。当然，从韩昭侯的拒绝的技巧中，我们可以总结出这样的拒绝方法：第一，先给对方戴高帽，让对方珍惜其自身的形象；第二，学会将矛盾转化，将外部矛盾转移到其内部；第三，给出友情提示，让其迅速将自己的行为回到正确的轨道上去。当然，要做到这三点，考验的是老板或管理者的智慧。

三明治效应：在批评之前，先给对方一个肯定

你是否有过这样的感觉：突然有一天情绪不佳，你看你的下属或员工极不顺眼，有很多次因为对方的行为而恼羞成怒吗？或者，一天中你会有多少时间，是在抱怨和指责中度过的呢？在职场中，有自尊的多数人都比较在意别人对自己的看法，总会因为别人的一句话甚至一个眼神，便陷入无休无尽的愤怒和自我怀疑中。

"这个不应该是这样的""你怎么那么不小心呢""这错误犯了多少次啊""下次一定要记住，别总是让我说"……这些生活中我们总能听到的话，似乎天生就带着嫌弃的含义，总是能够轻易地将员工的心刺痛，进而让他们产生消极情绪，对工作产生倦怠感。

实际上，身为管理者，在否定一个人的时候，不能那么简单粗暴，而是要注意方法与方式，否则一方面很容易刺伤员工，另一方面也有损你个人的形象，尤其在批评中层领导时。在心理学中，有一种著名的批评理论，即"三明治效应"，指的是在批评

时，将你批评的内容或意见夹在两个表扬之中，从而使受批评者愉快地接受批评的一种现象。这种现象就如三明治般，第一层是认同、赏识、肯定和关爱对方的优点或者积极面，中间这一层夹着批评、建议或不同的观点，第三层则饱含着鼓励、希望、信任、支持和帮助，使人充满能量，从而下决心改正自己不足的方面。

我看过这样一个小故事：

卡尔文·柯立芝刚刚任职的第一个周末，我的一位朋友受邀去白宫做客，他踱步到总统办公室门口的时候，无意中听到卡尔文和秘书的对话。

"你今天的裙子真漂亮，你是个年轻又有魅力的姑娘，"我想，这大概是"沉默的卡尔文"有生以来第一次如此直白地赞美别人。

这句突然得有些莫名其妙的话，让秘书一下子涨红了脸，她几乎是用那张写着疑惑的脸看向面前的总统的。

但是这个时候，卡尔文又开口了："先别得意，我这么说只是想让你高兴一点儿，从今以后，我然望你多注意一下标点的使用。"

卡尔文的意图太过明显，但里面应用的心理学原则却是正确的。他在说出令人不悦的事情之前，先给了对方一些肯定，很容易让人在接受他的意见的同时，改正自己的失误。

点燃团队"激情"，让每个队员都熊熊"燃烧"

一个拥有强大"战斗力"的公司，一定是富有激情的。它能让每个员工都充满积极向上的气息，无论在什么样的境遇下，都能以一颗赤子之心，焕发出强大的活力，完成工作任务。它是一股强大的精神力量，能够补充队员的精力，不断为队员充电，并形成一种坚强的个性，激发队员的潜能，让每个人都能充分发挥自身的优势和潜力去应对自己的工作，最终取得不凡的成就。它是团队永葆活力和创造力的重要方法。

所以，身为老板或管理者，要让你带领的工作团队充满活力，让每个员工都像熊熊燃烧的大火一般在企业中释放能量，就要先点燃团队的激情，然后再将这种激情永续不断地传递下去。这是打造高效公司的一个重要方法。

关于此，我们先看看微软公司前首席执行官兼总裁史蒂夫·鲍尔默是如何做的吧！

史蒂夫·鲍尔默对微软公司的影响巨大。如果说盖茨是微软的技术领袖，那鲍尔默则无疑是精神领袖；盖茨是大脑，那鲍尔默就是心脏。其实，他带领团队创造奇迹的方法很简单，便是持续不断地给团队注入激情。

其实，鲍尔默本身就是一个对工作富有热情和激情的人，他的这种状态也影响和感染着微软员工。同时，在带领团队过程中，他已将传递激情变成了一种习惯。他的一句话、一个充满激情的动作，都会使员工受到很大的激励。

鲍尔默还在求学时代，就是一个非常富有激情的人。他当初是哈佛大学足球队的啦啦队队长，他有能力让全场的人热血沸腾。一种对事业的激情，让他把这种能力发挥到了微软的管理上来，使微软的员工在开拓市场时更加团结，更加投入。鲍尔默说："好的统帅要懂得控制比赛的节奏和进程，还要懂得如何激发团队的斗志——你要用自己的激情去点燃他们。"他用激情去激发每个队员的忠诚和尊敬。

他曾说："我是天生激情派。我认为，激情对开辟企业是一种非常重要的素质，不仅仅是'我自己有激情，我的管理是让我周围的人都有激情'。激情不是瞬间的一个状态，而是一种文化。"而他传递激情的一个秘诀，就是"每个员工都是我的客户。我们管理层为员工提供一流的服务，员工为客户提供一流的服务，这就是整体的管理理念所在"。

鲍尔默可以使一些讨厌计算机的人集中精力去编程序代码，只要鲍尔默走进一个部门，这个部门的气氛就会升温，全体员工拼命为公司工作。鲍尔默的这种极具感染力的激情，让他极富个人魅力，这种魅力又增加了他的亲和力和感召力，他能鼓舞普通员工无怨无悔从早干到深夜。虽然他不精通软件技术，但却能用他的激情感染员工，率领员工开拓市场。

曾经有一个在微软做过6年的产品推销经理说："鲍尔默充满激情，富于感染力。只要与他在一起，就不可能不被他感染。"

鲍尔默经常在会上手舞足蹈，声情并茂，他的眼睛和光头放射着光芒。无论是在公共场合发言，还是平时的会谈，或者给员工讲话，鲍尔默总是习惯用一只攥紧的拳头不停地击打另一只，并总以一种高昂的语调爆破出来，如他在一次大会上就曾连声高喊"Windows! Windows!! Windows!!!"非常具有震撼力。

在微软一次关于Net计划的会议上，被汗水浸透全身的鲍尔默更是以传教士的热情向开发人员高唱 Net 赞歌，其提到的 Net 不少于 20 次。鲍尔默把这次会议进行了网络直播，让更多的员工被他的激情所感染。

鲍尔默在推广微软的 Net 互联网服务技术时，还制作了一段视频剪辑，在网上广为传播。在那段录影中，鲍尔默用他迷人的嗓音，充满激情地在微软大会讲台上反复呼喊着"开发者"多达 14 次以上。

鲍尔默在 1994 年的一次微软公司大会上，用他那无与伦比的大嗓门重复着一个词："市场！市场！！市场！！！"停顿了一下，他又说："原因只有一个，如果你占有市场份额，你实际上就使对手们"，说到这里，他用手扼住自己的咽喉，作挣扎状，再接着说："只剩下吸入维持生存的氧气的能力。而我们需维持的就是让对手们奄奄一息。"在微软，没有人拥有比鲍尔默更激情澎湃的煽动能力，没有人比他更能感染员工，他的演讲总像沸腾的岩浆，点燃着员工的工作激情。

微软的员工早已对鲍尔默的激情习以为常，但每一个面对他的员工仍然会热血沸腾。鲍尔默的热情和执着使他成为微软内部的鼓舞者。

凭借他的激情，鲍尔默感染着微软的全体员工，为盖茨撑着一片天，从 16 名员工，壮大到 6 万名。他的"激情"对微软的成功来说是至关重要的，他自己则成了激情演讲者的代名词，形成了一套鲍尔默特色的管理方法。

由此可见，点燃团队的激情，将激情传递到自己的团队中去，并让团队激情变为实干精神，是领导者的必备技能。对于老板或管理者来说，只有将激情传递给你的团队，激情才能转化为员工的内在驱动力，并为企业释放出最大的能量。

那么，身为管理者，如何才能点燃团队激情，并持续不断地将激情传递给你的团队呢？你可以从以下几个方面做起：

1. 充满激情的口头鼓动，这是一种最直接、最有成效的方法之一

要明白，一次充满激情的口头鼓动不难，重要的要将它持续不断地坚持下去，并且保证每一次都能把奋进精神引领到员工的内心世界。如果你做到了这一点，那么，就成功了一半。

2. 不断地向员工展示企业发展的愿景

深层次的使命感、理想、精神动力的追求，最能够激发出人的激情来。管理者如果让员工认同企业发展愿景，就能激动人心，将自己的激情传递到团队成员当中去。

3. 合理引导队员的兴趣

要知道，兴趣最能让人产生激情，一个管理者能对企业产生热情和兴趣，那么他就会富有激情。同样的，如果你能让队员对工作充满兴趣，那员工同样也会富有激情地投入工作。

4. 加大员工的个人发展空间

如果个人在企业中有极好的舞台，有施展的空间，就能让员工充分感受到领导的激情，容易激发起他们的上进心，进而表现为个人的激情。

5. 给予适当的物质利益

当完成某件事可能给员工个人带来物质利益时，领导者也能将激情传递给员工。

总之，激情对团队的成功极为重要，充满激情的管理方式，会给团队注入一种强大的精神力量，让每个队员都能从内在形成一种强大的驱动力，是企业不断前进的强大动力。

第三章

自查很重要：
时刻找出那些吞噬公司利润的"蛀虫"

    对于多数公司或老板来说，"最大限度地获取利润"是最重要的根本目的，为此，我们所有的管理行为都是要围绕这一根本目标展开的。但是，有人组成的管理组织，就一定会有损耗。很多老板为了让公司更为规范，于是不惜花大量的人力、物力成本用来制订各种各样的制度，使员工的创新性和自主性受到限制，或者复杂的人事变化，让员工都醉心于争权夺利的内耗中，这在一定程度上都在"吞噬"着企业的利润，所以，身为老板，尤其是中小型公司的管理者，除了会用人外，需要懂得的另外一点就是：时刻对公司的现状进行自我清查，及时发现情况，时刻找出那些吞噬公司利润的"蛀虫"，从根本上提升公司的竞争力。

自省很重要：正在拖公司后腿的那些管理行为

身为管理者，自省显得尤为重要。这里的自省不单单指对自我缺点或过失的审查，而是每个月都要给自己留出时间来审视公司内部管理上的漏洞，尤其是要细思管理中的每个环节，看是否影响员工工作效率，你的一些管理行为是否在一定程度上影响你公司的整体效益，或者你的或员工的哪些行为正在无形中吞噬公司的利润，等等，都是需要你去通过自省而也知得的。

在公司规模不足 10 人时，从技术部到销售部，招进来的人专业能力都严重不足，为了提升这些员工的业务水平，我给各个部门下达了命令：每天早上都开 30 分钟的例会，由部门主管对部门内部的人员进行技能或业务方面的培训。在命令刚下达的那几周，各个部门的领导及员工都热火朝天，相互之间积极配合，提升业务。可是，两个月后，我发现大家就开始懒散起来了，每天早上 9 点上班后，所有人都是有气无力地拿着笔记和笔，装模作样地到会议桌前接受培训，而且我已经意识到这种懒散的风气正在公司弥漫。于是，我找各部门领导了解情况，大家都说，各部门的业务知识就那么点儿，员工该知道的，基本上已经掌握了，现在开例会，都是流于形式……更为糟糕的是，从各部门交上来的惨淡的月末业绩报告中，我已经意识到这种懒散的风气已经影响了公司的效益……最终，经过再三思考，将"每日例会"改成了"每月例会"。自那件事开始，我开始养成了每月自省的习惯。在这过程中，除了反省自身的行为外，主要通过观察去发现公司里的各种管理漏洞，并通过自省给予补救。

具体来说，我会经常问自己以下几个问题：

1. 为公司创造 80％利润的客户有哪些

对此，你可以拉出近 3 年的财务报表，便可以非常清晰地见到重要的客户在哪里。并且反省在服务上或细节上，有没有需要改善的地方，以便使这些客户更为满意。尤其是那些为你带来公司 20％以上利润的客户，在服务上一定要做到细致入微，不断更新完善，因为这些客户一旦流失，就会使公司"伤筋动骨"。

2. 哪些事情是自己绝对不能做的

你可以反思自己近期的管理行为，自查你的管理行为是否太过苛刻，限制到员工发挥自身的才能了？自己的手是否伸得太长了，是否管了不该管的。并通过反思，明白哪些事情是自己绝对不能做的。比如，突破法律的事情是绝对不能碰的；破坏信用的事情也是绝对不能做的；与公司目标背道而驰的事情也绝对不能做。

3. 公司在同行业中的竞争优势与劣势各是什么

并且思考如何保持或将优势发挥到极致，并且如何去突破劣势，如何去迎接新的趋势。

4. 我如何安排自己的时间

一旦明确了工作重点，就要判断出自己的时间分配是否合理。如果管理者跟踪记录自己的时间使用情况，结果往往会令他们大吃一惊。我曾建议公司的部门领导都要学会记录一天中的每个小时都在做些什么，如此坚持一周，然后看看时间都用在哪几类活动上。合理分配时间不仅对自己很重要，对你的团队也有重大意义。员工往往会从管理者的时间安排中得到暗示，因此管理者必须确保自己的行动、工作重点与团队的各项工作目标匹配。最为关键的是,无论你决定怎样分配时间,你都必须有意识地与公司的愿景与工作重点保持一致。

5. 如何反馈

在反省自己在对待反馈的方式上时,你首先需要考虑的问题是:"我是否给下属提供了及时、坦率且富有建设性的反馈意见?"第二个问题是:"下属中是否有五六个人会告诉我一些不爱听但必须了解的信息?"

你的下属如果胸怀大志,就会希望你真诚、坦率地指导和培养他们。他们想趁早得到反馈并加以改进;如果你等到年终考核才给出反馈,通常都会为时已晚。

在现实中,无论多能干、多成功的管理者,都是难免会犯错的,难免会养成一些坏习惯。即便是杰出的领导者,其在现实中也难免偶尔会偏离正轨。然而,当局者迷,人们总是对自己的错误浑然不觉。环境、竞争对手,甚至个人情况的变化都可能悄然将你引入歧途。为此,自省便起到了极为重要的作用,它可以使你及时发现工作上的失误或偏差,从而使你的管理趋于完美。

要懂得合理"放权"

做领导,一项很重要的管理技能就是懂得"放权"。在公司有十个人左右的时候,公司里就我一个人最忙,经常会同时接到两三个销售电话,还得自己亲自安排送货、结账、进货,每天早晨来得最早,走得最晚。

一次，一个做大生意的朋友到公司里面，看到我总是忙忙碌碌的，便发感慨说："我怎么觉得是你在养活员工呀？看你每天忙得不可开交，一方面你自己累得不行，另一方面也捆绑了员工发挥自我才能的空间呀。要知道，做老板，最重要的是管理，即指挥属下去做具体的琐碎事务，而不是自己亲力亲为。你该懂得放权呀，哪怕员工只能做到你的70%。"的确，每个自主创业的老板都可能有过我的这种经历：凡事就早要亲力亲为，因为交给下属实在不放心。这样做的结果只有一种：公司只是在原地踏步，不会有更好的发展。

实际上，在小公司的发展进程中，15个人是个坎，50个人是个坎，200个人是个坎，管理方法如若不改进，一般无法得到进一步的发展。老板若总是事事亲力亲为，公司规模很难超过15个人。一个人能力强，可以直接管理七八个人，能力一般，则只能直接领导四五个人。也就是说，要想使你的公司迅速地发展，首先就要懂得放权。

在现实中，有些问题是不需要领导过问的，有些会议是不需要领导亲自参与的，有些工作也不需要领导亲自去做。所有这些过度管理的现象，都是因为领导对于管理的领会不够深刻，没有能够真正领会管理的含义，属于过度管理的范畴。管理大师德鲁克指出，管理者的职责是引而非运营。在任何一个组织内，管理者的职责都是最大限度地调动各方面的资源，联合各方面的力量，齐心合力地实现组织的目标。管理者没有三头六臂，不必事必躬亲，但是管理者又必须对每件事情承担自己的责任。只有合理授权，管理者才能拥有更多的精力思考企业的整体规划，才能使组织创造出更出色的业绩。

从另一个方面来讲，对下属能力的不信任，也是对自己的不信任。只有通过合理授权，才能充分发挥下属的能动性和创造力，让他们带着想法和激情去工作，才能为组织创造出更大的价值来。

百度公司李彦宏在日常管理中就十分注重对下属进行授权，他很乐意做个"甩手掌柜"。因为在他看来，只有在企业内部实现放权，让员工高度自治，才能够激发员工的工作热情。

回顾百度的创业经历，李彦宏坦言曾经遭遇过诸多的坎坷，而这些坎坷之所以都能够顺利通过，一方面是由于他对理想的坚持，另一方面是因为他懂得相互协作，懂得如何将有用的人才放在合适的位置上。他表示："现在没有一个伟大的理想是靠一个人能够实现的。"

李彦宏更愿意将自己定位为一名工程师，因此，在创业之初他并没有刻意去学习什么管理经验，而是寄希望于可以找到一些懂管理的人来管理企业。后来因为公司上市的需要，他的职务才从总裁变为CEO，即便如此他也曾只想管三个人：CTO（首席技术官）、COO（首席运营官）、CFO（首席财务官）。

李彦宏曾用简单的四句话来描述百度的用人理念：第一，招最优秀的人；第二，给人才最大的发挥空间；第三，看最后的结果；第四，设法让优秀的人才脱颖而出。至于所招的人才"贵不贵"，从来不是百度人才引进的首要考虑因素，他的方法是先招进来，再给人很好的空间让其发展。

一直以来，李彦宏都强调百度注重每一个员工的授权和信任，并且允许员工犯错误，甚至提供相应的试错机会。他曾说："如果下属的意见跟我的想法不相符，我会按照他的路先走，等他走不通了，再按照我的想法来一遍。"

很多管理者"不可一日无权"的思想根深蒂固，觉得自己即便当上了"头儿"，也必须要事必躬亲。貌似如果不这样，自己就不是一个负责任的人似的，这样做所导致的直接后果是：他所领导的团队变成了救火队。管理者变成了救火队长，下属变成了救火队队员，哪里出现问题，管理者就会亲自指挥员工去救场。表面上看，这样的领导是个负责任的好领导，实际上，这正说明了管理水平的平庸。因为这样做会让管理者忘记本职工作，最终结果是"头儿"忙得团团转，下属天天发怨言，大事上面顾此失彼，小事上面漏洞百出，工作效率极其低下。

同时，还会引发管理者与员工之间的信任危机。因为管理者要一竿子插到底，使得员工的作用越来越小，给员工带来的感觉是"领导对我们的工作是极不信任的，他不相信我能够做好这项工作"。于是，员工在这种氛围中想着，反正会有人来纠正，也不会用心去做好工作了。

在这样的氛围中，员工只是将工作当成一个任务在完成，因为即便做得再好，领导也是会给出建议的。也就是说，员工会因为怯于领导的权威不敢与领导针锋相对地讨论。

在某些时候，在某一项工作中，领导并不是这方面的专家，如若太过自信，滥用自信，就属于过度管理的范畴。这类管理者不会去围绕企业目标的实现去制订计划、分解计划，他们不懂得授权，导致整个企业的工作效率极其低下。

德鲁克指出，管理有三种境界：第一种境界是，事必躬亲，十分忙碌；第二种境界是，有人分劳，管理者只掌握原则，这是中策；第三种境界是，大胆授权，人尽其责，管理者只需做到全程掌控，在具体事情上无须操心。所以，如果你是一个为公司琐事而疲惫不堪的管理者，那就试着去授权吧，这样才能让你的组织发挥最大的能动性和创造性，从根本上激发组织的活力。

对员工要求太过苛刻，也是在消耗自己

我的一位自己开公司的朋友，曾经给我打电话向我抱怨自己的焦虑和忧心，他的公司员工最近频频离职，再加上公司近年来效益不景气，他的几条生产线已经处于停滞状态了。如今他的桌子上放着三个技术员的离职信，他一时也不知道该如何是好。当然，他的心里也很清楚，最近离职员工不断增加，是因为他开始亲自抓管理了，管得比原来严苛了。对此，朋友也是无奈，因为生产资料和用人成本的增加，再加上市场不好，他必须要通过加强管理来降低损耗，提升利润。

为了尽力挽留那几个将要离开的技术员，我朋友通知人事部将三人叫到办公室，仔细地询问他们离开的原因。其中一个技术员说，总经理，我觉得现在公司管得太严了，就拿考勤制度来讲，迟到早退统统都要扣钱，上班玩手机也要扣钱，甚至中午多出去5分钟，都要扣钱，我这月的奖金已经被扣得差不多了，这样下去也无法养家糊口呀！

另一个技术员接过话，说道：实话讲，公司管得严苛倒也无所谓，但是每月的工资若能及时到位也行呀。我在这公司干了四年了，总是那么点儿工资，还总是被拖欠，更别说加班费了，总是一拖再拖。还总被车间主管命令做这做那，必须要言听计从，

否则就要扣钱，这样干下去，实在是没有信心呀。

最后一个技术员又接着说，我们知道现在公司发展遇到了困境，可总不能用"新官上任三把火"来掩盖公司当下的发展窘境吧。最近我们车间总是被严厉的"空降"主管压制得喘不过气来，他总是在早会的时候强调不许偷懒，提升效益之类的话，真是让人难以适应。

……

其实，朋友公司之所以会出现离职潮，最主要的原因在于他对员工的"过度管理"，主要表现在以下三个方面：

1. 罚多赏少，只会失去人心

央视著名主持人白岩松说得好：任何一个企业，只要到了开始强调考勤、打卡等纪律的时候，一定是它开始走下坡路的时候。刘强的公司正是这样的状况，老板发现效益不好，不去找真正的原因，就想着如何去抓员工管理，就拿考勤制度来讲，只讲扣钱，罚多奖少，因为赏罚不分明，自然就会失去人心，员工在心力交瘁、度日如年的环境中工作，只能被迫离职了。

2. 只跟员工讲付出，不讲应给他们以怎样的回报

公司为了提升效益，给员工制定了各种各样的规定，主管给员工洗脑，只让他们付出，却不讲回报。工资和奖金迟发不说，也不给那位干了四年的技术员加工资，这只会激发员工心底的怨恨，他们辞职也不足为怪了。

在现实中，许多管理者也总是会请来专门的"培训"人员，给员工灌输要学会感恩，忠诚于企业的思想。幻想将员工训练成一群只会听话干活，不求回报的"义工"，但这只是他们的一厢情愿，也许在第一次通过精心的课程设计，通过煽情等方法让员

工临时对公司感恩戴德、痛哭流涕，让员工觉得没有尽到应有的责任，要通过努力工作来报答企业的恩情。但却持续不了两天，就会回到原本的状态，当他们在那乌烟瘴气的环境中工作，得不到应有的劳动保护时，拿着微不足道的靠计件获得的收入时，被管理者呼来喝去、任意罚款时，他们也不可能对企业再付出忠诚，也不会将企业的利益放在首位。

德鲁克告诉我们，身为员工，他要求能够通过工作，在职位上发挥所长，建立自己的地位；他要求企业履行社会对个人的承诺：通过公平的升迁机会，实现社会正义；他要求从事有意义的严肃工作。此外，员工对企业最重要的要求还包括：建立高绩效标准、具备高度组织和管理工作的能力，以及能够明确表达对于良好工作表现的关注。如果企业不尊重员工的诉求，又如何指望员工来尊重企业呢？我们需要牢记德鲁克的教诲："企业绝不能变成'福利公司'，企图包办个人生活的所有领域，无论就个人对企业的要求或企业提供的满足而言，企业的角色都必须要局限在社会的基本机构上面。要求员工对企业绝对忠诚，就好像企业承诺对员工负起百分之百的责任一样，都是不对的"。

3. 通过"空降兵"来加强管理

公司效益不佳，我的那位朋友也企图利用调用"新官"来改善公司的困境，这反而让员工更无所适从。因为冰冻三尺非一日之寒，如果改制推进过快，造成大部分下属员工来不及适应其新政的节奏，而空降的职业经理人却总说适应不了就走人，其结果就是造成老员工无可奈何地被迫辞职。

在这里，管理者需要知道的是，对于中小企业来讲，在待遇不高的情况下，要留住人，需要先讲情，后讲理，最后再讲法。

所以身为管理者要懂得动之以情，晓之以理，再通过管理制度来慢慢约束，进而使企业达到一种和谐的状态。尤其是小型企业或者是公司的核心团队，切勿动不动就制定严苛的"制度"来强硬地惩罚他们。因为生活中多数人是要面子的，你若伤了对方的面子，他们自然不会理会你的道理甚至制度。若遇到问题，你总是先给足了对方面子，再给他们讲清了道理，他们自然愿意去配合你的制度。也就是说，身为管理者一定要学会"软管理"，运用过于强硬的方法只会适得其反。

其实，在企业中，对员工过度管理，就是在消耗自己。你若管得太过严苛，除了会"逼"走员工外，还会造成以下几个方面的危机：

1. 无效沟通

在企业中，如若管得太过严苛，员工会因为惧怕领导的责怪，而只会报喜不报忧，这便会造成无效沟通。要知道，在企业中，如若出现信息不畅与缺乏领导与员工之间双向的反馈，信息就会有失准确性、有效性和及时性，企业因此会错失良机。

2. 员工之间推卸责任

因为惧怕管理者，所以员工为了避免因为自己的失误而受到制度或管理者的惩罚，于是在做错事时，不敢主动承担责任，会有意地将责任推给他人。这样员工即便犯了错，也不会去真心反思自己的错误，使企业的效率整体下降。

3. 不利于企业建立起良好的企业文化

过于严苛的管理环境会使员工唯唯诺诺、战战兢兢，即便有个人的想法或好的建议，也不敢轻易表达出来，他们只是在沉闷的环境中，被动地完成任务，做企业的"工具"。长此以往，就会形成一种毫无创造力、缺乏生机和活力的企业文化，这种文化只会使企业内部缺乏创新力而被市场淘汰出局。

创造公平的竞争环境，降低"内耗"

每个公司内部或多或少都存在人力方面的"内耗"。比如公司人员之间为了利益争权夺利，相互之间进行猜忌、打压等，缺乏团队协作精神，从而使办事效率减低，无形之中造成利润的"损耗"。实际上，这种恶性的竞争环境会导致员工士气下降，不能将主要心思花在工作上，一门心思搞内耗。要从根本上解决这种"内耗"现象，管理者就要努力营造公平的竞争环境。

于是，对管理者来说，努力营造公平的竞争环境显得十分重要，也是每个诚实的员工所期盼的，因为公平可以使员工更为踏实地、心无杂念地扑在工作上。也能使员工相信：有多少付出，就会有多少回报。公平的竞争氛围可以让滥竽充数者无法存活，使偷奸耍滑者无处藏躲，使投机取巧者毫无机会。可以说，公平竞争的企业环境，是对每个员工的尊重，是对每个辛勤付出的员工的最好的保护。

在麦当劳，每个员工刚进入时，都处于同一个起跑线上。每个有文凭的年轻人进入麦当劳之后，都要当4～6个月的实习助理，从最基层的工作做起。比如，炸薯条、收款、烤牛排，等等，还要学会保持清洁，学会最佳的服务方法。

经过这个阶段，他们开始走上第二个工作岗位——二级助理，这个工作带有实际负责的性质。他们每天都要在规定的时间内负责餐厅的工作，承担部分的管理工作，比如，订货、排班、统计……通过在实践中不断地摸索，他们的工作经验不断地丰富。公司的晋升机会，对每个人来说都是公平的，谁能够更快地适应工作，谁的能力强，谁晋升的就会更快一些。

"公平"对每个积极上进的员工来说，都是最好的成长环境，对于每个渴望做大做强的公司而言，都是极好的公司文化。那么，对于管理者来说，如何去营造相对公平的企业环境呢？

日本的"经营之神"松下幸之助曾在谈到如何创造公平公正的公司氛围时，过这样一句话："创造一个公平公正的公司氛围的前提是：企业各级领导和部门负责人必须要一身正气，开放并且懂得分享。做到这一点，公司内的人事关系就变得十分地简单，员工就可以专心于工作，而不需要关注错综复杂的人事关系，也不需要去看上司的脸色行事。"由此可见，要想创造公平竞争的企业环境，关键在于管理者以身作则、率先垂范，公平公正地处事。

不患寡而患不均，公平的公司竞争环境，对保持每个员工的积极性都有着十分大的作用。身为管理者，管理的重要职责之一就是要营造公平的竞争环境，让员工的每一份付出都得到相应的回报，他们才会竭尽所能充分去发挥自身的聪明才智，为公司发展做贡献。

别拿他人的管理经验来不断折腾你的公司

曾在一本杂志上看到这样一个管理故事：一位浙江老板在深圳投资办厂有两年多了，主要生产装饰材料。在开厂的第一年用40多万的年薪，聘请了一位在同行中当过生产厂长的 A 出任厂长，A 员工在装饰行业中混迹多年，拥有一定的技术能力和管理经验，上任时还带来一帮技术方面的骨干。在 2013 年底，该浙江老板进行年终审核，没想到从产值、效益到管理，都没有达到理想的预期。

在 2014 年初，该老板又聘请了另一位 B 厂长上任。对于该企业来讲，人事的更新是件好事，意味着新的思路、新的管理、新的预期。但是问题在于老厂长 A 走了，其带来的一批技术骨干也跟着辞职了。新厂长 B 又找来另一批技术骨干担任要职。新的厂长新气象，要抓生产，定制度，控成本，看似有办法，也许在短时间内看不出一个管理者水平的高低，但半年过去了，一个极为残酷的事实摆在企业面前，产品的质量频频出现问题，致使大量的老客户流失。

后来，这位浙江老板通过仔细调查发现，以上两位厂长问题皆出在管理上，两位厂长都是有资深的管理经验的，但是他们都将原来的经验生搬硬套到工厂中，皆造成了不好的管理效果。

这个故事告诉我们，一个企业的人才也好，技术也好，管理也好，营销也罢，都要注重企业的本土培养，不能单纯地依靠外援，否则，生搬硬套的结果只会使企业"水土不服"，从而起到适得其反的效果。

其实，在现实中，很多企业也会为了追求所谓的"先进理念"，不断地将别人的管理强硬地移植到自己的企业中，结果是越搞越糟，不断地折腾，致使企业走到崩溃的边缘。关于"生搬硬套"他人管理经验的问题，管理大师德鲁克早就警告过我们：你没有办法"复制"或者"转移"任何的管理经验。就像你闻到一朵很香的玫瑰花，这样的经验是无法转移的，每个人都必须自己去闻玫瑰。这句话是德鲁克通过对一些著名企业成功与失败的研究所阐发出来的管理学的要义。他特别强调：管理学是由管理一个工商企业的理论和实际的各种原则组成，管理的技巧、能力、经验不能移植并应用到其他机构中去。所以，我们不要照搬其他企业的成功经验，尽管那些经验看起来那么完美，但并不一定适合你所在的企业。

华为公司能够从一个小公司异军突起，成为中国科技领域有影响力的企业，其主要靠的是优秀的管理。为了实现管理上的优秀，华为制定了一套属于自己的管理体系，他们始终坚持最有效的管理，这是及时、准确、优质、低成本交付的基础。对此，任正非说：在任何时候，我们都坚持不将工作复杂化，不过于强调多难来选用干部，要强调以做好事情来识别干部。我们要坚持从成功的实践中选用干部。猛将必发于卒伍，宰相必取于州郡，这不是唯一的选拔方式，但是最为重要的形式，我们不要教条化、思想僵化！我们鼓励员工到艰苦地区、艰苦岗位上去工作，他们要坚持自我激励，自我进步。但组织也要关怀他们，坚持不让雷锋吃亏的价值导向，促进一代又一代的新人成长。

"另外，我们还要熟悉使用权与管理权相分离的干部管理制度,以保证建议权/建议否决权、评议权/审核权、否决权/弹劾权三权分立的制衡制度的实施。但我们担负监管任务的干部,不可太激进,宁可你们右一些,凡事打个七折,也不要做矫枉过正的事情,以免留下后遗症,这样才能保持队伍的健康稳定。

"实行长期激励与短期激励相结合的机制,促进干部使命感、责任感的形成。我们要重视那些有成功实践经验,并无私奋斗的员工,优先选拔他们,这就是我们不能让雷锋吃亏的假设。"

不可否认,任何一个企业都有属于自己的特点,都有独属于自己的特殊性、人文特性、工作属性等,为此,身为管理者切勿生搬硬套别人的管理经验,一定要在不断地摸索中建立一套属于自己的管理方法,这样才能使管理思想得以灵活运用,对"症"下药,激发企业的活力、员工的能动性和创造性,使管理成为提升效益的有效"工具"。

你的这些管理行为,正在悄悄"吞噬"公司的利润

看过日本的一个电视节目,有一位水果达人,为了让果树结出最硕大、最甜美的果实,在果树开花后摘掉大部分的花朵,仅留下两三个花苞。对此,他解释说道:"我要让全部的养分都灌注在这几个花苞上,这样自然就能够结出最大、最甜的果实来。"

水果达人的秘诀非常值得参考。我们可以试想,有这么一株大树,状似枝繁叶茂,侧边横生出许多细小的枝干,花朵又多又漂亮,也沐浴了足够的阳光,吸收了足够的养分,然而,结出的果实却很小。这是为什么呢?因为这些细小的枝干都在吸收养

分，与果实争抢养分。

这个节目对我有极深的启示，我想，如果将公司比作一株大树的话，那么其细小的枝干便是利润的侵蚀者。比如：冗长无聊的会议、做表面功夫的每日晨会、毫无意义的员工培训、上下级之间各种的无效沟通、各种对企业无关紧要的琐事，等等，如果你能够果断地将那些抢夺"利润养分"的旁枝细干大刀阔斧地砍掉，所有的养分都能被果实吸收，那么，结出的果实一定会又大又甜。

可在现实中，我们在经营企业时，每天都会被无休无止的事情所包围，在复杂的旋涡中挣扎。这在损耗我们个人精力的同时，也是对公司的无形损耗。是公司本身复杂，还是我们人为地将公司搞复杂了呢？追根溯源，在现实的管理工作中，很多公司之所以掉进复杂的怪圈，并让这些"复杂"无形中浪费我们的时间，耗费员工的精力，这其实也是在无形之中折损企业的利润。这些管理行为，具体表现为：

1. 追求完美

你追求每一个细节，眼里容不得半点瑕疵，那么，面面俱到会让你抓不住重点，把简单的事情搞复杂。直接导致成本飙升，使产品或服务失去价格竞争力。

2. 目标不明

如果你在做事之前没有把握好大方向，走了很多弯路之后又回到原点，事情能不复杂吗？这样的复杂会使企业失去抢占市场的诸多机会，终因反应迟钝而失去竞争力。

3. 无效沟通

信息浩如烟海，沟通有无限种可能，理解偏差在所难免，于是各种各样的复杂情况出现了。这会导致效率降低，企业的成本飙升，失去价格优势。

4. 不够整洁

你的东西总是一堆堆地摆放，没有次序，永远不能一下子找到自己想要的，一切都是那么复杂。直接导致工作效率低下。

5. 任务含糊

你下达的指令总是含糊的，员工在迷惑中做事，事情能不复杂吗？这会直接导致效率降低。

6. 文山会海

如果一个小的指令都需要几页纸，一个小的决策都需要开几次全员大会，这样必然会导致复杂，导致效率降低，进而影响到效益。

以上"过度管理"的"毒素"是侵吞利润的主要因素，是影响公司效益的致命"祸根"。可想，以上的因素导致的直接后果便是效率低、成本高，产品或服务毫无特色，失去价格优势等等，这都是因为复杂造成的，而每一种后果，都足以令你的公司窒息而亡。

所以，身为老板或管理者，一定要懂得自查和反思：公司里的哪些行为属于"过度管理"，哪些管理行为是打着"精益化管理"的旗号，使很多管理行为流于形式或者正在束缚员工的能动性的发挥，以及哪些管理行为正在影响公司的执行力或在无形中吞噬公司的利润，及时发现它们，并且想办法极力挽救或及时改正。

杰克·韦尔奇强调，管理不需要太过复杂。他说过："作为领导者，他必须具有表达清楚准确的自信，确信组织中的每一个人都能理解事业的目标。然而做到组织简化绝非易事，人们往往害怕简化。他们往往会担心，一旦他们做事简化，会被认为是头脑清醒、才能高超，事实证明，只有真正的人才会实行最简化的管理。"现实中，很多管理者会将简单的问题复杂化，多数时候是为了彰显自己的重要性和凸显自己的管理才能。事实上，真正高超的管理者，都是极简化管理的实施者。

宝洁公司的制度具有人员精简、组织结构简单的特点，并且该制度能与公司的行政风格相吻合。宝洁公司制度的这一特点，集中体现在该公司倡导的"一页备忘录"里。宝洁公司的前任总经理查德·德普雷是一个做事情雷厉风行的人，他有一个习惯，就是从来不接受超过一页的备忘录，他常在退回去的备忘录上面定道："把它精简成我想要的东西。"

有人质疑，如果说报告只有一页长，那么宝洁公司是如何将其处理得如此切中要害、一目了然的呢？有人经过调查，揭露了这个谜底。宝洁公司是在大量支持性数据以及依据事实分析的基础上，不惜耗费精力与时间而将报告尽量缩减，目的是尽量减少领导者或其他人的阅读报告时所需的时间。这种处理问题的方法非常精细，并且趋于完美。一页报告的威力在于，它的要点鲜明集中，比主旨散布在十多页的分散式、复杂式的报告要简洁清楚。

任何制度都可以简化，为了提高效率，管理者可以采用简便的方法加强企业内部的沟通，"一页备忘录"不失为一种行之有效的方法。公司规模不论大小，其本质都应该是简单的，复杂只是人为所致，企业应该倡导简单的风气，运用化繁为简、以简驭繁的管理智慧，这才是最重要的。所以，身为管理者，你应该沉下心去思考，你的管理方式是否陷入了复杂的怪圈中，接下来，重要的是思索总结，找出最为简单、最高效的解决方法；然后分析行业特点与公司情况，抓住管理的本质；再对你的员工进行仔细地认识和研究，然后决然而然地"砍掉"各种复杂的思想，实施简化管理，这是在最大程度地节约成本，增加利润，提升公司的效益和竞争力。

向"极简化管理"要利润

"极简主义"翻译为"Less is more"，指的是少即是多，它指的是一切从简，即是获得。如今，这已经成为多数人的生活理念。极简主义应用到管理的范畴，便有了极简主义的管理风格，它强调的是专注聚焦，抓住核心价值。德鲁克说，管理就是两件事：降低成本、提高效率。而极简主义的管理风格正是通过简化管理的方式来降低内耗，提升效率，进而成就公司或企业的"高效益"。

在2007年11月15日，飞利浦全球128000名员工全部都停工一天，为了是让员工讨论"简单与我"。这一天的讨论，机会成本高达1亿美元。简单，这有什么好谈的？而飞利浦公司为何要这样做呢？

为此，飞利浦换下了用了快十年的企业口号"Let's make things better"（让我们做得更好），换上了"sense and simplicity"（精于心，简于形）。

在过去的三年时间里，飞利浦在全球举行多场简约盛会，对外推出令人耳目一新的简约设计，和消费者重新对话。简单，不只是设计和开发部门的事，随着组织的简化、目标的调整，全部的员工都需要用更简单、快速的方式沟通。简单化已经成为飞利浦的必备能力和共通语言。

如今，极简主义已经深入到企业管理的方方面面。科技流行极简主义，设计流行极简主义，功能流行极简主义，在很多优秀的跨国公司内部，极简主义的管理风格也在盛行。

通用电器有 34 万名员工，遍布全球的 100 多个国家和地区运转起来，为什么？因为简单。通用的简单，在于勾勒了以一年为一个单元，以一个季度为一个小单元的战略执行系统，简单得不能再简单。而正是这种简单的管理模式，使通用电器公司的利润飞涨，使公司的整体效率上了一个台阶。

一般来讲，极简主义的管理风格有如下几个特点：

（1）极简主义往往从事情的本质出发；

（2）极简主义能够减少冗余的信息，减少过多的主观；

（3）极简要求做到专注和聚焦，不再遍地开花，什么赚钱做什么，而是聚焦于某一个领域，将产品做精、做细、做深入，做到富有竞争力。

另外，极简在管理中有如下的应用：

1．关注价值

极简管理要以终为始，不断地更新迭代，始终关注价值。以价值高低为标尺，判断哪些事情值得去做，哪些策略应该执行；强调员工的激情与参与，提高组织目标和员工发展的契合度；要始终坚持自己的价值观，坚持以价值优先的判断依据。信奉极简式管理的经营者或管理者，往往都会以最少的工作取得最有价值的成果。

2. 组织结构简单

在激烈的市场竞争中，效率就是一切。为提升效率，管理者会最大限度地简化组织结构，以确保沟通的高效性，进而快速地把握市场，赢得机会。

3. 设计和产品呈现简单化

极简管理的管理目标，始终以为客户创造价值为终极目标。为了更好地赢得客户，管理者始终能站在客户的角度思考问题，追求产品的精益求精，在设计和营销上也追求极简化管理模式。

4. 减少浪费

一些在大公司工作的经营者或管理者，都有这样的体会：大公司的资源相对充裕，很多时候，他们更关注体系的建设而不关注解决问题，这让管理陷入复杂化。而实际上很多企业不是缺少管理，反而是管理太多；不是体系建设不足，而是系统能力不足；不是员工执行力不行，而是管理指令太多导致无法执行。

采用极简式管理的经营者，往往会砍掉那些冗长且无意义的会议，不再做冗长的报告。同时，他们会时刻提醒自己要保持最少量的干扰，让员工能自由地发挥，工作说明要清晰易懂；要避免冗长，忽略那些繁文缛节，舍弃掉那些为了证明存在而存在的流程。

5. 专注于聚焦

这是一个信息过载的时代，如果企业的管理太过复杂，组织的层级太过繁多、制度体系复杂、任务分工复杂，甚至连企业文化都搞得很复杂，那么整个组织团队就会无法聚焦到真正有价值的事情上面。尤其是创业公司在资源有限的情况下，人的时间和精力都是稀缺资源。专注则是一种昂贵的易耗品，专注力就那么多，当我们无法做到专注时，所付出的代价可能是无法将自身的潜能完全发挥。

从上而下的极简管理，能让员工只需要关心如何把事情做好，形成一种高效率的思维意识和执行风格，把宝贵的精力聚焦在最核心的事情上面。以极简的管理方式使企业的不同部门和个体目标快速一致，有效协同，减少资源浪费，形成速度和资源上的高势能，做好每阶段最重要的事情，才是通往成功路上的"捷径"。

6. 更多的包容

极简管理的另一个作用是，团队会变得更能够包容。因为你聚焦价值，将精力都放在了有价值的事情上面，对于周围的人与事，你能够更为清晰地看到有价值的东西，而不被那些不好的事情、不好的情绪所遮蔽住。而且，人又是一种情绪动物，情绪的作用是相互的，多余的负面情绪会带来更大的团队管理成本。

因为极简，能够产生更多的包容，包容团队个体的差异化，能够让团队更加明确所做的事情的价值所在，能够激发出更多的正面情绪，让整个团队释放出更多的正能量。没有人能够靠忍耐行事，基于价值的包容才能够让团队更有持久的凝聚力，从而创造出更大的价值。

德鲁克先生的管理理论中强调管理的"有效性"。管理应当有效，是促进协同，提高效率，而不是复杂化。总而言之，极简的管理方式就是要通过砍掉一些看似合理实则无价值的东西，来尽可能地减少那些明显弊大于利的事情，化繁为简，既能节省时间，又能提高效率，是一种集简单与高效于一体的企业。

总之，无论你的企业有多么庞大，无论你的客户有多么广泛，不管你的员工数量有多么惊人，你都要相信，一个能够抓住重点、把握方向、找到简单办法并有效执行的企业，总是成功的。

"服务缺失"也在悄悄偷走你的利润

对于许多公司来说，公司的利润主要来源于客户，也就是说，客户是利润的主创源。为此，始终服务好客户也是为公司赢得利润的有效途径。但是，在现实管理中，许多公司或企业的"客户为上帝"的服务理念仅仅是一句口头禅，其公司所一再提倡的优质服务也只是一个幌子。因为服务质量的下降，导致客户在无形中逐渐流失，导致利润下滑，这种情况在很多公司都是极为常见的，包括我公司内部。我能觉察到这一点，是因为一次旅行中的经历。

我记得那次，因为出差，晚上住在某知名的商务连锁酒店，为了临时处理一些业务，我打开笔记本上网，网速超慢，于是便打电话给前台，前台的答复是"不知道，你找工程部吧"，工程部的电话根本没人接，商务酒店根本不商务，我很懊恼，自此之后再也不住这家酒店了。从这件事情，我联想到自己公司内部是否也有类似这样的情况呢？于是，我开始自查售后服务部。于是，我假扮成公司的客户，打电话到公司，让他帮我解决一个产品技术上的问题。接电话的是一位刚进售后服务部不久的员工，他接到我的诉求后，马上答复不清楚，告诉我：这是个技术上的难题，他得问问技术部才能给我答复。之后两天，再也没有了音讯。我意识到，我的诉求被敷衍过去了。于是，我就开始反思：如果我的客户真有难解决的问题，被这样推脱、搪塞，会怎么样呢？下一次，他们还会不会继续购买我的产品？长久下去，公司的境况必会岌岌可危。

针对这样的情况，我开始下决心对服务部进行大力整顿，首先对服务部员工进行业务方面的培训，再者明令禁令他们对客户的诉求进行敷衍，对每个具体的服务问责到个人，同时将他们的薪水与他们服务的数量和质量挂钩，每个月都要对他们的服务进行量化考核，考核不达标的立即辞退，这样坚持几周后，与公司合作的数十家客户都震惊了，他们从未体验过如此周到的服务。接下来的数个月，公司的客户渐渐多了起来，业绩和利润自然也水涨船高。当然，这些骤然冒出来的新客户多是老客户介绍来的，就连销售部都觉得外出拉客户变得松快多了。

在现实中，一些公司的员工可能是缺少相应的培训、督导或管理，有的员工甚至认为服务工作是低人一等的工作，这样的心态和观念导致公司大量的客户因服务不周而流失，营业额和利润下滑也成为必然的了。

还有，在一些公司或企业中，做客户服务的员工作风拖沓、精神不振，这也是导致客户或潜在客户流失、利润下滑的主因。比如，在浙江义乌某裤业集团因为不注重团队建设，每个部门的员工都是互相扯皮，办事效率极为低下，该企业还与多数员工签订了十年的劳动合同，这个看似不错的合同，还增加了几个附加条件：一旦中途辞职，三年内不准从事织针业方面的工作，同时也要追究法律责任。这种长期合同致使员工失去了上进心，甚至有一些员工养成了和稀泥的工作作风，事不关己高高挂起，一些经销商打电话要求补货，内部却没人管，招商的业务员不愿意出去跑业务，因为该报销的住宿旅费迟迟不给报。他们虽然是该行业中的龙头企业，就是因为这样的原因，致使大量的加盟商流失，华北等部分区域市场已被其他后起之秀企业所取代。这样的管理不善、内耗造成的损失已经波及市场与其合作伙伴，给企业的健康发展带来了极为严重的阻碍。

"千里之堤，以蝼蚁之穴溃；百尺之室，以突隙之烟焚"，任何一家大型企业的轰然倒塌，多数都是由一些管理中最容易被我们忽视的细节造成的。所以，身为企业管理者，要及时自察这种最易被人忽视的管理漏洞，并及时作出弥补，才是基业得以长青的重要保证。当然，这考验的是企业家或管理者的自察能力。

不懂成本控制，公司会在亏损中举步维艰

在"微利"时代，中小公司或企业因为缺乏系统和科学的管理，导致产品成本飙升，缺乏市场竞争。尤其在一些民营企业分布较为密集的地区，随时都能见到因为成本控制不好导致企业无利可图，继而举步维艰甚至关门大吉的各类企业。

今年46岁的肖强是浙江一家民营企业的企业主。他们的市场主打产品是计算机零件加工，其次是手机零配件，最近又新上了打印机生产线。

他们的产品因为有北京中关村一家公司技术方面的支持，所以销售势头比较好，在几家著名的网络商城都有他们的产品，而

且销量都比较不错。并且在一些实体店，该企业产品的销售业绩排在前几名。该公司的董事长和总经理比较擅长营销，对客户的需求和消费者的心理抓得很准，在产品的设计、定位方面也都做得很好，所以拥有了不错的销售市场。但是遗憾的是，该公司虽然在销售方面占有优势，但在成本控制和生产线管理、效率方面存在着十分严重的漏洞和疏忽。去年一整年，他们的销售额到达了4000多万元，但是总利润却仅有50多万元，这使该企业的企业主十分忧心，照这样下去，他们距破产也不远了。

实际上，深入地了解该公司的生产线，便会发现，他们所存在的问题在当下许多中小企业中具有普遍性，主要表现在以下几个方面：

1. 管理成本处于失控状态

该公司总人数328人，却有12人都挂着总经理的职衔，4个总监，5个总经理助理，1个执行部部长，相当于主管，另外还有1个后勤部部长以及车间多名小组组长。这样的职位安排，造成管理成本的严重失控。

如果将产品监控人员、财务人员、销售人员、质检人员、技术研发人员、统计人员、仓库管理人员、生产计划人员、人事与行政事务人员、文职人员、后勤人员等统计在内，真正干活与不干活的管理人员的比例约为1.65∶1，这就造成直接人员与间接人员在比例方面的严重失调，这是对公司人员的严重浪费。

2. 混乱的生产计划导致生产成本高居不下

在调研期间，负责生产与物控的主管说，该公司生产计划达标率在40%以下。

关于生产计划达标率为何如此低下的原因，其问题主要可归纳为以下几个方面：

一是物料采购与生产计划脱节，采购来的物样，常常不是生产线急需的；

二是供货商管理不力，生产线急需的物料，供货商迟迟无法送到工厂，生产线常常出现停工待料现象；

三是仓库管理失控，没有明晰的台账和资料，有些物料仓库有库存，堆压在某个角落，生产线要用时却找不到；

四是总经理时常向生产线口头下临时的订单，打乱生产计划；

五是制订生产计划的职员能力不足，既不能有效变更生产计划，也缺乏变通的综合能力，只能顺其自然。

如此混乱的生产计划，严重制约着生产效率的提升和制造成本的降低。

3. 人力浪费导致的成本攀升

该公司生产打印机的事业部，由于打印机产品是新上的生产线，营销尚不成熟，订单量不能满足生产线，员工上班时基本上处于"磨洋工"状态。有一批出口订单因为质量问题，客户退货返修。员工天天做返工工作，没有兴趣和激情，工作效率低得可怜。

其他生产线的状态如何呢？

上班时间，无论是走进空调车间，还是喷油车间，随时都能看到工作时间玩手机、聊天或者打瞌睡的怪异现象。如果遇到因物料欠缺或者是临时接到"插单"通知造成的生产线临时换线，还常看到整条生产线停下来等待的情况。

在制造业，人工成本在总成本中所占的比例已经越来越大，如此严重的人力成本浪费，极为严重地蚕食着该公司的利润。

除了上述问题造成的严重成本浪费之外，该企业还存在着供货商管理不到位所造成的物料无法及时入库和材料质量合格率低所导致的浪费，仓库、现场物料管理不到位所造成的废料或物料流失浪费，生产效率低下所造成的人工和机器的浪费，质量管理不善所造成的返工、报废、延误交货所产生的综合性浪费，工序、部门之间沟通不畅造成的无形浪费，管理干部的管理技能欠缺所导致的窝工浪费，安全管理不到位导致的工伤、事故浪费，等等。

以上所有的这些浪费，都在蚕食着企业有限的利润。如果说"成本控制不力是制约企业发展极为重要的瓶颈"，一点也不为过。要知道，在"微利"时代，对于企业主而言，你的"节流"若做不好，"开源"也便失去了应有的意义和价值。

当然，身为企业主，要有效地控制成本，引进精准化管理是关键。但实行精准化管理是一个复杂而长期的过程，在此期间，你可以先从以下几个方面入手去实施你的成本控制：

1. 有效地控制有形成本

该公司将物料使用的数量与订单数量相结合，并按照质量管理要求，制订出相应的损耗百分比。每个部门所申购的物料要严格称重，一旦出现废料或者边角料时，要有质量管理部门签字。所有运出去的废料，要经过检验、称重、部门主管签字、车间的质量控制员签字。废料运至大门时，执勤保安要核对废料丢弃列表，并按照列表上的数量进行二次的称重。

有了这样严格、缜密的控制手段，有形的浪费便能得到良好的控制。

2. 有效地控制无形成本

"有形成本"控制是必须的，但"无形成本"控制也极为关键。针对上述肖强公司所出现的问题，该公司要采用完善的生产计划，强化部门之间的沟通，定期召开生产协调会议，加强团队之间的合作等有效措施，让生产在有序的控制中，依照工作流程严格、严谨推进。

依照以上的措施进行改进后，该企业在"节流"方面就会上一个新的台阶，产品的利润亦会得以提升。

降低用工成本：强化员工素质，多创造的都是利润

要提升效率，增加利润，降低成本是最为关键的。要降低成本，除了要对原材料与生产进行精细化管理外，还要懂得降低用工成本。可以说，公司的用工成本，从根本上体现了公司整体管理能力的高低。成本控制主要在于有效地花钱，而非无效的节约："裁员减薪"可能是最快速、最见效的办法，但它会给公司带来极大的伤害和负面的影响。因此，公司的管理者必须要实施战略性的管理措施来降低用工成本，通过提高人均产出，提升企业的生产效益。

在世界500强企业中，思科是名列前茅的公司，每个员工每年为企业创造的价值高达77万美金。而同行业员工每年为公司创造的价值仅有22万美元。思科员工创造的价值是同行业员工的3.5倍。为何思科的员工如此高效呢？

一是思科公司的领导在员工培养方面花费的精力和时间较

多，领导和部属之间的能力距离和职业理念相差不大，工作上能达成默契，实现了"上下齐心，其利断金"的工作效能。

二是通过上司的培养和自我提升，员工掌握了高效工作的方法并灵活运用。

诚如思科公司的董事长约翰·钱伯斯先生所说："一流的企业努力培养高素养、高效能的员工；高素养、高效能员工造就了一流的企业。"实际上，通过提升员工的素质，是提升企业效益的最根本的方法。当然，要提升员工素质，靠的是科学、有效的员工管理方法。一般来说，平时除了给员工定期安排培训外，你可以从以下几点出发：

1. 将员工的利益与公司的效益进行捆绑

要想让员工自发、自觉地提升自身素质，那就要与员工建立起合作关系，让他们从自身创造的利益中拿薪酬，这便能最大限度地调动员工的工作积极性，让他们自觉地去学习，提升自身的素质。

一个公司要做大、做强，要获得持续的发展，就要求公司内的员工不是简单地打工赚钱，而是真正地融入公司，将员工的利益与公司的利益进行捆绑。

2. 加紧员工与员工之间的协作，产生 1＋1＞2 的效益

在公司中，员工与员工之间的协作也显得极为重要。一个优势互补的团队协作对企业的发展发挥着举足轻重的作用。尤其是产品的研发、技术、市场、融资等各方面组成的一流的合作伙伴是提升工作效益的法宝。所以，管理者在分配工作任务的时候，一定要懂得结合每员工的特长、个性，注重员工与员工之间的良好合作，同时也要能够将不同长处的员工进行合理的组合搭配，

将工作完成得更为完美。

管理者要明白，在现实中，无论哪一种人才结构都存在着个性差异，每一个团队中每位成员的气质、性格都各有不同。所以，身为管理者，在分配任务的时候，只有根据每位成员自身的个性对其进行合理的搭配，才能让整个团队都发挥最大的效应。其实，也这如踢足球一样，一个队几十个人都有其独特的个性和特长，只有相互配合，这个队踢起球来才能有声有色，如果将各自的特色与棱角都磨平了，这个队几乎就没什么希望了，想赢球也就难了。

所以，在实际的管理过程中，每位管理者都应该对自己团队中的每一位员工进行深入的了解，追求人才的配套结构，取长补短，最终实现 1＋1＞2 的效果。

3. 把合适的人放在合适的岗位上

每个人的能力、特点不尽相同，不同的岗位需要不同类型的人才，只有当下属的能力与他们的工作相匹配的时候，才会最大限度地发挥他们的能力与潜能。作为管理者，要能够认清不同下属之间的差异，找到他们之间不同的特点与优势，并结合他们的优劣势，将他们放在合适的岗位上，让他们发挥出最大的效能。

有的员工谨慎小心，有的员工讲究速度，有的员工非常善于处理人际关系，有的爱表现，有的好宁静……总之，员工的类型有很多，管理者需要做到的就是人尽其才，人尽其用。

为扩大规模，某企业高薪招聘了 70 多位技术型人才，优越的工作环境、高薪的挑战等都让这些人跃跃欲试。然而，不到半年的时间里，问题一个接一个：有的人抱怨专业不对口，自己优势不能得到发挥；有的人觉得现有的条件不能满足工作的需要；有的人觉得自己被大材小用，能力远远超过了岗位的需求……所有的一切让管理层深感头痛，甚至有几名深受器重的员工选择了跳槽。这让企业陷入一片混乱。

为什么会出现这样的情况呢？可以说，这些人都有真正的能力，但这家企业在招人的时候忽略了工作岗位真正需要的人才，结果使许多人的能力不能得到发挥。

作为管理者，要懂得把适合的人才安排在适合的岗位上，做到资源的优化配置。一个人只有处在最能发挥其才能的岗位上，才有可能干得好，把自己的能力全部发挥出来，有所突破。

4．严格进行标准工时管理

标准工时主要指的是在一个良好的工作环境中，员工能否以正常速度完成一项特定的工作，也就是员工的生产效率。这就需要管理者针对每个员工的工作特性，制作出时间控制表，实时地监督员工的工作效能，让他们在压力下提升工作效率。

要加强对员工的时间管理，一定要坚守 80/20 法则，将 80% 的时间用在 20% 的关键事务上面，便能保证效果的同时兼顾效率。同时，公司在进行工时管理时还要防止"出工不出力"的现象，合理地分配工作，效少无效劳动。

5．以优秀的文化理念影响员工

要想提升效率，优秀的企业文化显得极为重要。优秀的企业文化可以提升员工对企业的向心力和凝聚力，有利于激发员工的事业心，从而发挥出最大的潜能。这种文化熏陶，往往比硬性的约束更为有效。塑造优秀的企业文化等同于在企业内部形成了一种精神上的思想准则，让员工在无形中被感染、被影响，并表现出一种气质和形象，这正是企业的"魂"之所在。

总之，上述用工成本控制方法在规模不同的公司对用工成本控制有一定的倾向性，对于公司的管理者而言，更为重要的是遵守相关法律、法规的情况下，对具体问题"对症下药"。公司对用工成本进行重点、精细化管理与控制，就要最大限度地了解、理解、掌握用工成本的构成，进行战略性分析和控制，从而有效地全面降低公司的运营成本，保证公司的持续、健康发展。

降低采购成本：它是企业的"第三利润"

原材料上升是许多企业利润低下的一个重要原因。据统计，制造行业原材料采购和服务的成本占公司总成本的50%～80%，采购成本已经成为许多公司成本的最大组成部分，因此，公司对采购成本的控制便显得极为重要。

随着全球化经济的竞争越来越激烈，采购甚至应被视为公司挖掘潜在利润的"第三利润源"，也因此，控制采购成本为了公司管理者和采购人员的工作重点。所以，如何削减成本，有效降低采购成本、减少现金流出、提高资金使用效率便成为公司盈利的关键所在。然而目前中国公司采购成本的控制仍旧存在着不健全、成本管理方法落后、公司采购成本控制观念陈旧、采购过程中缺乏有效的信息沟通等问题。

公司一定要建立、完善采购制度，做好采购成本控制的基础工作，实施采购成本控制流程，加强采购管理理念的推广，加强采购部门与其他部门的沟通，加强对供应商的管理，采用科学的成本管理方法和手段，以降低采购成本，从而有效地控制采购成本，提高公司的经济效益。

1. 把握价格变动的时机

价格经常会随着季节、市场的供求情况而变动，因此，采购人员应注意价格变动的规律，把握好采购时机。如果采购部门能够把握好时机和采购数量，会给企业带来极大的经济效益。

2. 以竞争招标的方式牵制供应商

对于大宗物料的采购，一个有效的方法是实行竞争招标，往往能够通过供应商的相互比价，最终得到底线的价格。此外，对同种的材料，应该多找几个供应商，通过对不同供应商的选择和比较使其相互牵制，从而使公司在谈判中处于有利地位。

3. 向生产厂家直接采购

向生产厂家直接采购，可以减少中间环节，降低采购成本，同时生产厂家的技术服务、售后服务会更好。另外，有条件的几个同类厂家可以结成同盟联合订购，以克服单个厂家订购数量小而得不到更多优惠的矛盾。

4. 不断开发供货商，营造竞争局面

供货商的开发与管理应该是动态的，不断开发新的供货商，在供货商之间营造彼此竞争的氛围。发展供货商的方式可以先初选，在众多的供货商中根据其硬件的设施、技术力量、环境标准等指标，排除肯定不合格的供货商。通过初选的供货商可以参加企业的正式招标，中标者并不总是报价最低的，主要标准是报价的可行性。

5. 了解供货商的成本，争取与供货商双赢

要对采购成本进行有效的控制，仅靠自己内部的努力是不够的，应对供应商的成本状况有一定的了解，这样才能在与对方商

谈价格的时候，掌握主导地位，最后实现与供货商双赢的局面。

6. 加强采购人员的管理，提高采购人员的素质

一位合格的采购人员必须德才兼备，技能与经验共存，具有较强的市场信息采集与处理能力，才能更好地履行采购作业。为了杜绝采购人员拿"回扣"现象，首先，企业要加强内部监督，使采购人员的一言一行、一举一动均在组织和广大员工的监督之中。其次，制定合理的激励制度，激励机制的直接目的是调动采购人员的积极性，谋求个人利益与企业利益一致，最终实现企业的期望目标。

7. 加强原材料的管理

加强公司原材料的管理是提高公司经济效益的主要目的之一。采购原材料时，质量控制是最为关键的一环。当材料的缺陷太多时，公司的生产过程就不得不停下来，这时候造成的工时浪费是相当严重的。如果不能如期交货，还会遭到用户的投诉。一些对原材料控制不太严的厂家，经常因为采购了有缺陷的原材料而造成停工。

8. 选择信誉佳的供货商并与其签订长期合同

一个有能力、守信用的供货商，不仅能够保证供货的质量、及时的交货期、整体的服务水平，还可以得到其付款及价格的关照，尤其是与其签订长期的合同，往往能得到更多的优惠。

因此，在保证服务质量的前提下，公司的管理者应不断地加强采购管理，有利于降低原料成本，这是提高产品质量，获得丰富利润的重要环节。

走出"生意红火，效益不佳"的怪圈

在深圳待了近 32 年的王晓东可谓是早期创业的"成功者"，在 20 世纪 80 年代，他借着中国改革开放的"春风"掘到了人生的第一桶金。自此之后，他在创业的道路上可谓是顺风顺水。如今的他实力雄厚，仅在广东就有几家上千人的工厂，主要生产灯泡和各种电子产品。王晓东自己算是批发商，有自己的销售管道。工厂一年四季订单不断，而且企业内部采取的是精细化管理，成本控制得也不错。但是一年精算下来，每年亏损上百万元。

对此，王晓东也很清楚，他的亏损在于"营销过度"。为了与同类产品抢占市场份额，王晓东总是会以低于同类产品 3 个点的价格供货给供货商。一年下来，生意是做了不少，但利润却亏损严重。

当然，王晓东在前期也有着自己的发展打算：凭借企业的规模优势，先以低价去抢占更多的市场份额，将同行都挤出市场，然后"独家"抬高价格，再获利。但这个商业"布局"，已致使他在 4 年时间连续亏损近 500 万元，他与同行的"价格战"似乎愈打愈烈，永远没有尽头……再加上他的产品已经市场上失去了竞争力，很多产品已经在逐渐被取代……

其实，许多企业主都有着与王晓东同样的"战略思维"：前期为了抢占市场份额，与同类的企业无休止地打"价格战"，最终将企业拖入了"生意红火，但效益不佳"的被动局面。有的企业主甚至因为依仗企业的大规模，专注于"市场营销"，而忽略产品的创新和研发，逐渐在"赔本"中将企业拖入濒临破产的状态。

某跨国公司大中华区总监在 2015 年年终时总结了一句话："2015 年上半年，销售额虽然上升了 12%，但利润却下降了 31%。营销过度导致相当的营销浪费，我急啊！"这位总监的话告诉我们，靠规模赢利不是那么容易的。很多老板总是想着如何兼并同行，如何扩大规模，认为规模大了好办事，垄断了整个行业，钱就来了。但他们不知道，市场份额不等于赢利收入，规模也不是"实力"的代名词。

日本经营之神稻盛和夫说："做企业的本质就是讲求利润的最大化，成本最小化。"在当下多变的经济形势下，依仗企业规模，单纯地"打价格战"，已经不是长久的生存发展之路，而是要轻规模，重效率，努力提升产品或服务的"价值"，即以利益为先，利润为王。所谓的"数大于天"，就是用数据说话、利润说话。

杰士邦曾经通过创新管道，开发了多达两万个零售的终端，包括在药店、商场、超市和便利店等地方设置零售窗口，由此一跃成为行业内的领先品牌。如今许多竞争对手纷纷跟进，原来的管道优势不再明显，但杰士邦的赢利仍然能保持高速增长，秘诀在哪里呢？

杰士邦的高层表示，在中国这个偌大的市场中，很多企业广泛实践着规模赢利模式，还处于"管道为王"的时代。但是企业竞争终归是品牌的竞争，尤其是当企业发展到一定的阶段，如果依然坚持管道和规模去竞争，而忽视品牌的建设，忽视产品的创新与开发，那么最终会被市场所遗弃。因此，杰士邦从管道中抽身出来，创新营销手法，加强产品开发，提升产品质量和品牌的驱动力，因此树立了行业第一的品牌，成为行业里的"王"。

如今，伴随着竞争对手的跟进，杰士邦已经成为行业的效仿对象，这也说明杰士邦在行业里是成功的。

稻盛和夫曾经说过，在自由经济的市场环境中，由竞争结果所决定的价格才是最合理的价格，以这个价格去堂堂正正地做生意赚取的利润，就是正当的利润。在激烈的价格竞争中，努力地推进合理化，提高产品的附加值，才能增加利润，才是企业制胜的关键所在。任何一个企业，无论其规模大小，提升产品价值，强化品牌建设，是最根本的发展之道。多年来，中国涌现了许多颇具实力的品牌——华为、海尔、联想等，如果你细细剖析它们的经营理念和发展轨迹，不难看出：它们一路走来，无不是始终将精力和眼光聚焦在"做强核心业务"和"为客户提供最棒的服务"两个方面，用通俗的话来说，就是将公司做小，将客户做大，让公司长久地保持较好的盈利水平，服务型企业是如此，制造企业亦是如此，这是一个不二法则。

"无品牌"的代价：赔本去打"价格战"

诸多中小企业破产，从根本上说就是因为"无品牌"，因为无品牌，所以不会去精益求精地"打磨"你的产品，在服务上更不会用心。只是盲目地跟着市场走，什么好卖就去做什么，所有人都去做好卖的，继而造成市场过剩，最终大家就开始打"价格战"，利润空间也变得极小。

再者，随着人民币升值，出口的利润变薄了，你的自主品牌没有，或者不是很强的情况下，你的生产当然就难产生利润。一个没有利润或者利润极薄的中小企业，承受风险的能力当然就低多了。

在广州服装行业打拼多年的张勋最近焦头烂额，他曾打电话向我哭诉："我的营销点开在广州，工厂设在粤西地区。自去年以来，各种因素都冲击着服装行业的利润率。首先是各种原材料和用工成本普遍都涨了两三成，这一下子压掉了我近10个点的利润。其次是人民币在升值，我的产品大多都是出口，很多订单在年初已经确定了，短期生产影响不大，但新订单减少了不少。成本大增，但是竞争又异常激烈，又不可能大幅提价。我们所出口的服装，过去平均有12%～17%左右的毛利，到现在因为两头夹击，跌到仅有3%左右的毛利，几乎是赔本的。利润低，我经营的风险就更大了，甚至只要有一笔生意没做好，其亏损已经无法通过获利来弥补了……"说到这里，他的声音有些哽咽，接着说："从根本上讲，可能就是我们的产品缺乏品牌的缘故，前几年做的时候因为觉得有利可图，所以，没有做自己的品牌，也没有请专业的设计师，结果到现在丝毫没有竞争力……"

张勋企业所面临的问题，也是多数中小企业的问题：在原材料成本大增和货币形势的联合夹击下，利润空间急剧缩小，再加上资金的匮乏，人才与技术的瓶颈，已经丝毫承受不了任何的风险。从根本上分析，都是因为品牌意识的薄弱，因为没有自主品牌，产品缺乏核心竞争力，所以只能盲目地跟着市场"打游击"，在过剩的产生中与同类产品"打价格战"，利润空间自然要小得多。

所以，中小企业要在激烈的市场竞争中活下来，并获得稳定发展，就要对产品或服务进行转型升级，创立自主品牌。有句话是说：一流的企业卖品牌，二流的企业卖技术，三流的企业卖产品。要知道，品牌是一项重要的无形资产，它是"质量、服务、口碑"的代言者，它对产品所产生的附加价值是无可估量的。比如说，同是一家中国内地企业生产的运动服，贴上"耐克"商标，其价格就可翻上几番。在消费者心中，即便是相同质量的产品，品牌与非品牌在价值上是有着极大的差异的。可以说，品牌是产品利润的保证，也是一个企业长久生存和发展的"引领者"！

当然，要创立自主品牌，企业主应从以下几个方面去努力：

1. 更新观念，树立强烈的品牌意识

要创立品牌，品牌意识极为关键。要通过学习现代化的商业知识和了解国内与国际本行业的发展形势，审时度势，实施和推进本企业的品牌战略。要知道，品牌战略是争夺市场份额、求得企业生存和发展的根本手段之一。有志的企业主，应该从更高的角度和理念去树立起强烈的品牌开发战略意识，以高度的责任心和紧迫感实施和推进本企业的品牌战略。

2. 选准市场定位，这很关键

在具体实施过程中，企业主应该要通过市场调查，从实际出发，针对自己的产品特性、特点，进行市场定位。同时，也要考虑让自己的产品与同质化的产品中分化开来。比如，你生产童装，面对市场上大批量的童装产品，你是否可以考虑从用料、款式方面钻研创新，让自己的产品能从诸多同类的产品中脱颖而出，成为自己品牌的"标志"。也就是说，让你的产品体现出

"异质性"，唯有"异质性"才是品牌开发的成功之处和关键所在，这也是打造产品核心竞争力的关键所在。

当然，创建一个品牌，特别是强势品牌，是一个巨大、长期而复杂的工程，并不像注册商标那样简单，也不仅是提升知名度就够了。因为品牌应该包括一些深层次的内容，如品牌的核心理念、品牌文化、品牌联想，等等，这些深层次的内容需要通过企业长期细致地做好各方面的工作才能造就。

提升品质：利润倍增的保证和基础

在未来的企业与企业之间的竞争，归根结底是品质竞争。许多人将"品质"理解为"产品质量"，这是十分狭隘的解读。品质，既是产品的质量，亦是公司员工工作的质量体现，更是产品竞争力与产品提升利润的重要源泉和基础保证。

当然，要改善产品的品质，经营者首先要更正观念，不要总是走"一点点瑕疵无所谓"的老路，也不能走"品质越精良越好"的异路，即指的是勿让企业在品质方面投入无谓的成本。

1. 加强品质管理的意识

"质量"一词在生产管理中经常被提及，即指，一种产品，先有"质"，再有"量"，说明了品质对产品的重要性。要提升产品品质，先要改变观念，让每个员工都树立明确的品质意识。

海尔冰箱也出过质量问题。张瑞敏为了让员工树立品质意识，做出了"将不合格冰箱全部砸毁"的决定。并且规定由生产次品的责任人和直接领导一起砸。76台不合格的冰箱在大锤下一个个被销毁。铿锵有力的大锤声，砸碎了海尔人"一点点瑕疵无所谓"的落后观念，砸醒了干部职工固有的质量意识，也砸出了一个响当当的"海尔"品牌。

将品质意识灌注到每个员工的意识中，才能出高品质的产品。

2. 以客户的眼光为自己的产品品质打分

生产干部不要等客户投诉与品质管理部门的督导，应该自觉依照客户的要求管控在制产品的品质标准。必要时，生产管理人员可以采取自我打分的措施，组织操作人员对产品品质进行自检，用客观方式对在制品进行自我评判。

许多外资企业管理生产时，坚持推行"三检"制度：自检、互检、完检。尤其是自检，让操作员自己了解本岗位的品质状况，对控制品质稳定相当有效。

"三检"制度实施后，返工现象明显地减少，退货率降为零，生产成本得到了有效的控制。

3. 鼓励员工对产品倾注热情

很多时候，产品的"品质"都体现在员工对产品的"用心"层面。同一种产品，员工用心做与消极应付，做出来的品质有天壤之别。所以，经营者或管理者要采取有效的管理措施，提升员工的工作热情，将热情倾注于产品，从而提升产品的质量。比如，可以在内部设立奖惩制度，以对员工在质量方面的重视与否进行管理，

世界经营之神稻盛和夫说，对待工作，最重要的就是投入火一般的热情。你对工作若缺乏认真和热情，不管你拥有多么过人的才智，不管你希望拥有如何正确的思维方式，你的人生仍将难

见硕果。想要构思情节精彩、布局缜密的剧本，想将剧目大纲变为现实，你需要的就是"极度"认真。他说，要带着爱去工作。爱，是一切的原点。他将心物一体之爱引入一点一滴的工作之中，撞醒了员工生命觉醒的道路。他说："向工作倾注的爱，就是最好的老师。它能让你倾听到产品发出的'窃窃私语'，甚至听到产品的'哭泣声'。当你把一个个产品完全当作自己的孩子，满怀爱，细心观察时，必然会获得如何解决问题、如何提高制成率的启示。"所以，身为经营者或管理者，也应该将"爱与专注"倾注于企业文化中，在无形中影响员工。

4. 给那些超越领导期望的优秀管理者升职

刘怡经营着一家小电器制造公司。最近，他的两条生产线上的不良率都超过了 2.5％，并且一直居高不下，已经遭到许多客户的退货了。刘怡很是恼心，再这样下去，肯定要影响自己的声誉。于是，他派检验员小张和小赵，分别前去驻守，希望他们在一个月内，将自己负责的车间不良率控制在 1.5％。

小张到 A 车间后，按部就班开展工作，一丝不苟地检查每一个产品。在检验中发现的问题，小张像往常一样及时告诉车间主任。1 个月期满后，小张完成了任务，将 A 车间的不良率控制在 1.5％，然后便拿着数据向刘怡汇报。

其实，小张的做法，代表的是大部分管理者的做事方式，也就是"完事交差"的典型。

小赵到 B 车间后，除了像小张一样认真地检查每个产品外，他还请 B 车间主管配合自己，对员工进行品质意识培训，要求大家在工作中做到"三不"，既"不制造浪费，不接收不良，不传递不良"。B 车间主管被小赵的诚意和责任心感动了，积极配合他的工作，要求生产线员工严格执行自检、互检制度，将不良率消灭在制造过程中。1个月期满后，小赵也交出了自己的成绩：将B车间的不良率控制在了 0.8％以内。

对这两位管理者的表现，刘怡已经明白，他是该好好地重用和提拔小赵了。

这个案例告诉我们，一个人若抱着精益求精的工作态度，像小赵一样积极想办法，相信他一定会超越领导的期望将不良率控制得更好。身为经营者来说，平时要对那些积极想办法解决问题、提升品质的员工给予奖励和重用，这样才能在企业内部营造"积极主动"的工作作风。

总之，提升品质是做大客户、使企业利润倍增的"利器"，当然，要提升品质并非一件易事，每个经营者都该根据自身公司经营的特点，制定卓有成效的措施，让品质上升一个台阶，也让自己的公司竞争力得到进一步提升。

糟糕的公司文化，正在无形中吞噬着你的"利润"

许多创业者可能对"公司文化"的概念有些模糊不清，觉得只有公司做大了，才能去发展企业文化，实际上不然，每个公司只要存在一天，其内部就在不自觉间形成了"公司文化"，它是一种无形的力量，制约着公司的发展。简单来说，所谓的"公司文化"就是一个公司的工作氛围，具体是指"这个公司的人就是这样做事的"。好的公司，有好的公司文化做支撑，而那些利润低下、业绩不佳的公司，一定有十分落后且糟糕的企业文化在起作用。

好的公司文化，给你的最直接的感受就是，你到一个公司中，能够感受到一种紧张有序的工作氛围，那里的工作人员充满紧迫感，并且做事井井有条，这便是好的企业文化。相反，糟糕的公司文化会让你感到环境杂乱无章，工作人员缺少激情和紧迫感，现场管理惨不忍睹。

白建初是北京一家文化公司的老板，很注意市场营销，但平时对企业内部的员工却疏于管理。当然，疏于管理，并不等于他完全不管，而是他的管理方式极为"简单粗暴"。每次到办公室，看到属下的员工工作散漫：有的迟到，有的在低头玩手机……工作场面极为糟糕混乱，他就开始训斥："你们这些人，纯粹是来这里混日子的呀！想让我白养着你们吗？至少要给我做出点贡献来呀，我花钱雇你们来不是让你们来玩手机的！""你们不仅仅要上班工作，还要想办法给公司创造利润呀！"等等。

每次刚训斥完下属后，他自己则会坐在办公桌前开始玩斗地主之类的游戏。为此，他的下属曾悄悄私下议论："老板总说让我们服从他的领导，他都在带头玩游戏了，我们还有心思努力工作吗？"

偶尔到办公室，他只要看到哪位底层员工不好好工作，便会以同样的口气训斥："如果不是我雇佣你们，你们只能在外面洗车，做洗脚工！再不好好工作，就开除你们，把你们丢到社会上去受罪去。"等等，诸如此类的。有的员工听到这话便极为反感，心想："我下个月就辞职给你看，离了你的企业，照样过得好！"……很多时候，他的训斥不仅没让下属或员工服气，而且还会引起他们的反感和非议。这也让白建初极为头疼：每次训斥完后，过一段时间所有人都又恢复懒散、消极的状态，而且员工的流失率也在不断地攀升。尤其是近段时间，由于受经济下行的影响，他的企业已经快支撑不下去了……

很多时候，老板就是企业的精神领袖，糟糕的企业文化背后一定有个做人做事都极为失败的老板。实际上，对于中小公司而言，其内在的文化，就是老板的价值观和行为的综合体现。所谓的上行下效，如果老板工作富有激情、讲求效率，企业的士气一定高涨，员工自然对工作也不敢懈怠，而相反，就像白建初一样，自身做事拖沓、散漫，员工自然也不会信服，这种糟糕的"文化氛围"，正在无形中吞噬着"产品的利润"，增加企业的生产成本，这样的企业也会在管理混乱、成本高昂、利润低下的阴影中逐步地走向消亡。

所以，对于中小型的企业主来说，要建立健康的文化，那就学着去"审视自我，纠正自身的行为"吧！你若是一个追求完美、工作作风正派、严谨的人，你的属下及员工自然会跟着你学，久而久之，公司内部就会形成一种正派、严谨的工作氛围；你若时时对工作充满激情、精神高涨，你的精神气质自然也会感染到员工，你公司内部也自然会形成一种群情振奋、激情高涨的工作氛围。那么，无形中，你的"生产成本"就会降低许多。

可以说，要完善管理，加强公司文化建设是极为关键的一步，没有优秀的文化底蕴作支撑，仅靠强化现场管理，结果往往是事倍功半。比如，你最近接了一个项目或要完成一个紧迫的订单，你激情高涨地召集大家，振臂一呼，鼓励大家加油干，做好了便发奖金。那么，你所在的团队中，便形成了一个短暂的文化氛围，这种氛围能够激发每个员工的工作积极性，即便是原本感觉到不可能完成的任务，在高涨的激情面前，都可能"化腐朽为传奇"。这便是"企业文化"的神奇力量。

可以说，良好的公司文化是一个企业各部门间协作的凝聚力，促使员工高效工作的驱动力，亦是企业利润获取的核心力，公司发展的助推力，使公司走向成功的"牵引力"。所以，身为领导者或企业主，要想在"微利"时代，创立"利润为王"的公司文化，身为老板就要从自身做起，多实施变革，带领员工培养出"积极进取"的精神面貌，久而久之，在公司内部形成积极健康的企业文化！

持续创新：利润增长的"金钥匙"

对企业经营者来讲，创新是永恒的话题。企业要赢利，要追求高利润，除了做专、做精、做特色外，还要坚持走创新之路。否则，不创新，不仅意味着利润降低，还会将你淘汰出局。

19世纪初，美国福特汽车制造公司依靠创新，生产出了操作简单、坚固耐用、耐得住颠簸且低价的"T"型车，这使福特汽车很快占据了世界汽车市场68％的份额，为此，福特被称为当之无愧的"汽车大王"，他不但给美国装上了车轮子，甚至可以说，是他将人类社会带入了汽车时代。但是后来，福特的创新却逐渐走向了教条化。

20世纪20年代，美国进入了大众化富裕时代，福特却仍认为应该勤俭生活，继续拼命生产T型车，提高质量，降低成本。但当时的美国人更需要的是速度、造型、环保以及个性化，需求越来越多元。但固执的福特汽车依旧颜色单调，而且耗油量大，排气量大，完全不符合日益紧张的石油供应市场和日趋严重的环境保护状况。

小福特建议老福特推出豪华型轿车，却不为采纳，老福特甚至亲自用斧子劈毁了儿子的新型车。而通用汽车和其他几家公司则紧扣市场需求，制定正确的战略规划，生产节能低耗、小型轻便的汽车。在 20 世纪 70 年代的石油危机中，通用汽车一跃而上，而福特汽车却濒临破产。

老福特这才意识到自己的错误判断，转而根据小福特的意见推出豪华型轿车。但是先机已失，老福特感慨地总结说："不创新，就灭亡。"

直到今天，福特汽车也没有回到它昔日龙头老大的宝座。

这说明，品牌对一个公司固然重要，但是如果缺乏创新，没有竞争力的产品作支撑，品牌的力量也会显得苍白无力。在这个多变的经济时代，竞争越来越激烈，想让一个企业在竞争中占有一席之地，最好的选择就是不断去创新，真正做到人无我有，人有我优，人优我精。一个毫无创新的企业，犹如一潭绝望的死水，没有办法向前流动、向前进。"一招鲜，吃遍天"，许多企业之所以能在风云变幻中屹立不倒，不断发展，在于它们拥有自己的、领先于他人的核心技术。很多时候，用钱能买到的往往只是产品，而产品的制造过程、核心技术并不能买到，当然这也是一个企业的非卖品，是它们赖以生存的根本。

作为经营者，要深刻认识到创新对于一个企业未来走向的重要作用，要有一双善于发现问题的眼睛，在观察中捕捉灵感，在生活中发现商机，进而提升利润。

有一次，海尔冰箱海外产品经理邵宏伟来到英国曼彻斯特小镇，在住户家中，他也会帮着干点活，与住户讨论有关冰箱的使用情况。

在与住户的交流中，邵宏伟发现了一个问题，住户家中的冰箱高度比预留的空间高度矮了不少，让人看上去感觉很不合理。原来，该住户喝啤酒时喜欢加冰，本想买一台带制冰机的对开门大冰箱，不过这种大冰箱根本进不了家门，在预留的空间位置更是放不下。到头来，他就只能买一台较小的冰箱。邵宏伟还发现，该住户喝啤酒时只能加冰块，如果想加冰屑的话就必须用刨冰机把冰块打碎，这样就十分麻烦。

这一情况激发了邵宏伟的研发灵感，回国后他立刻指导研发。2004 年 8 月，海尔推出了"专为英国用户设计的超薄对开门大冰箱"——它的宽度刚好可以进入英国住户的家中，而且，它的制冰机能制取冰块和冰屑。

这款冰箱刚在英国市场上市，就接到了占当地大容量冰箱40％份额的订单。

管理学大师德鲁克曾经指出，"管理是一种实践，其本质不在于'知'而在于'行'，其验证不在于逻辑而在于成果，其唯一权威是成就"。作为一个管理者，要善于创新，敢于创新，有一双善于发现、善于观察的眼睛，从一些细微的、容易被人忽视的地方发现可以有所作为之处，这样才能不断激发自身的创造性思维，为企业的发展提供帮助。另外，企业在坚持创新之路时，要注意以下几点：

1. 创新要结合企业现状

企业的设施、机器、工具等，能使用的，就不要重复购买。

本单位技术人员能任用的，就不要外请。这样就能将创新投入掌握在可控状态。

2. 将创新聚焦在关键点上

中小企业在实施技术与研发创新时，摊子不能铺得太大，创新项目太多时，要认真地权衡和斟酌，并且按照类型、紧迫程度、资金投入数额、创新后给企业带来的价值等要素，进行归类、排序，将创新目标聚焦在一个或几个点上，分批次、分阶段地实施。

3. 着眼于市场的创新，才更有意义

在市场经济条件下，一个企业想要获得长远的发展，就需要有自己的核心竞争力，这样才能在激烈的市场角逐中满足消费者的需要，吸引消费者的眼球。不管是什么企业，最终目的都是要让自己的产品走向市场，拥有自己的消费人群。

1987 年，美国铱星公司开始"铱星系统"计划，1998 年 11 月 1 日投入运营，开创了全球个人通信的新时代。这是一系列尖、高技术的结晶，它的目标是建立一个把地球包起来的"卫星圈"。在铱星的广告词中，通话网络将会覆盖世界的每一个角落。当然，"铱星系统"计划也曾被很多人看好，是外界公认的现代通信的一个里程碑。不过最终还是没能逃脱失败的结局。2000 年 3 月 18 日，铱星公司宣告破产，一个耗资 50 多亿美元的"铱星系统"从此也就淡出人们的视线。

铱星公司走向失败的原因是多方面的，决策失误、营销观念落后、债务危机等都是造成其失败的原因，不能满足市场需要也是其中之一。铱星公司曾经错误地认为，只要技术先进，价格并不会影响消费者的购买欲望。现在看来，这种观点显然是不对的，消费者更喜欢物美价廉的产品，虽然铱星的高科技含量深受好评，但价格高、话费高成了铱星的一块硬伤，对许多的普通消费者而言，只能是可望而不可即，而且，会有多少人需要在那些不毛之地通话呢。到 2000 年 3 月，铱星系统的全球用户只有 5.5万个，而中国的用户不到 1000 个，而在铱星方面的预计中，仅初期在中国市场就要做到 10 万用户。铱星要想实现赢利最少需要65 万个用户，5.5 万与 65 万显然相差太大。所以，科技再新潮也要满足市场的需要，从消费者的真实需求出发，只能满足很少一部分人需要的产品难以占领一块市场。

4. 鼓励员工参与创新

一个企业的发展需要发挥全体人员的作用，有发展方向的制定者，就有展开工作的执行者。在员工执行任务的过程中，管理者也应鼓励他们参与创新。比如某个问题每次都是采用同样的办法去处理的，这次换个方法行不行呢？在产品的生产过程中，员工提出了一些新的、有益的想法，可不可以采纳呢……不要认为他们是"不务正业"，以为按照操作手册去执行就可以了，管理者应该鼓励他们参与创新的过程。

将公司"做小做强"势在必行

微利时代，如何挖掘利润、实现利润最大化，是让所有企业主伤脑筋的问题。如何突破困境、最大限度地控制成本，提升产品的竞争力是所有企业主伤脑筋的问题。事实上，随着现阶段人力成本的不断飙升，将公司"做小做强"势在必行。这里的"做小"主要指的是要尽可能地缩小公司规模，尽量减少人力成本的投入。"做强"即指加大创新、科研或服务力度，提升产品或服务的核心竞争力。比如，一家科技公司，在资金短缺的情况下，应该先将资金集中于研发、设计上，而将生产线外包出去，加快品牌建设，提升产品市场竞争力，这样就比守着一堆厂房要好过得多。

把公司做小、做轻，可以聚焦能量，在自身擅长的领域实现长远的发展和突破；以客户和市场为导向，可以让企业摆脱成本经营和价格竞争的困境，建立以能力为基础的长远竞争力。

一个专做酒业生意的经销商好朋友，主要代理各种各样的酒类产品，红酒、黄酒、白酒、啤酒等，他代理的品牌五花八门，从高端到低端，全部都有。在这个领域中，他在当时可谓是老大级别。去年忽然接到这位好友的电话，问我某大品牌可不可以做，厂家业务员来了好几次，给出的代理条件也相当地优惠。我当时给他的建议是：你代理的酒类品牌太杂，租那么大的库房，压力已经相当大。而且高端和低端类产品销路并不好，不如砍下这两块，专心做中档酒类产品。至于你说的这个大品牌，根据你自身的实际情况而言，因为考虑到你自身的管道和操作经验，销售团队等因素都不是很符合经营这个品牌。这位朋友听了我的话，毅然去掉了高端和低端，让他人的营销团队专攻中档酒类市场的开发。今年年底，他又打电话告诉我，经营的品种虽然变少了，销量和利润却增加了不少。而同时，这位朋友的压力也减轻少了不少，他可以专注在某一些品牌领域开拓市场。

"聚焦"这个词最近比较热，一个人若将精力"聚焦"于一个领域，7年后便可能成为某个领域的"专家"，而若一个企业将精力、资金和资源"聚焦"于某一个方面，发挥"匠人精神"，成为行业中最富有竞争力者将是轻而易举的事。

近几年，中国制造业遭遇了前所未有的"寒流"冲击，出口下降，珠三角和长三角的许多企业都难以熬过人民币升值，原材料、劳动力等成本持续攀升，出口订单锐减，银行贷款持续收紧等难关，只有关闭或者转型。过去许多年，我们在一步步跃升为"世界制造工厂"的同时，我们的挑战也在与日俱增，危机四伏。如今，许多企业也到了真正需要突围的关头。要想在这场"寒流"中挺过去，就要学着对自己的企业做"减法"。

过去很多年，我们在带给世界市场繁荣与消费廉价的同时，我们的制造在"低成本的魔咒"中也失去了太多。对于成本的压力，公众对于质量的渴望，全球范围内环境保护与资源环境的需求，知识产权保护与创新，品牌力的塑造与公司价值的提升，等等，这些都要求我们的企业向专业化、价值化和可持续化方向发展。而将公司"做精、做小"，是实现这一发展方向的必经之路。从根本上讲，将公司"做精、做小"，就是将非增值的企业价值链环节果断地割腕断臂，然后围绕如何降低成本和提高生产力、如何对产品或服务实施持续创新、如何增加利润和开拓有价值的市场而不是单纯以规模取胜、如何提高质量和客户满意度、如何日益向客户的需求驱动转型等。

对于当下的企业而言，如何超越传统的低成本发展模式，如何处理强与大、强与弱、强与专、强与精益、强与集约、强与增值、强与持续，便显得任重而道远。

比如，精益生产，当下越来越多的行业领先公司将精益原则应用到制造流程之外，涵盖到运营的行政流程和产品开发等，但如何真正地将精益技术和理念应用到组织之外，寻求将精益原则应用到整个价值链，这是我们企业主应该反思的。

　　将公司做小，更重要的就是要降低"内耗"，彰显公司内部改革的质量。比如将企业内部的组织向更为高效和更加扁平化的方式运营，重新塑造更为敏捷的供应链与物流销售链的丛林生存法则，是我们每个企业主应该去思考和实践的。

　　小公司可以做大、做强，但要把大公司做小，则并不是件容易的事。在几次"危机"中都坚韧地挺过来的企业，并不是因为它们的"大"，而是因为他们的"强"，只有将产品、技术、组织、团队、市场应变、创新力、资源协调融合，才能保证中国完成凭借劳动力成本获得竞争优势到通过先进机械设备实现工业化的转型，以及创建信息化经营和管理的创新化于一体的伟大公司。

第四章

执行力决定成败：高效是“管”出来的

　　每当与周围那些和我一样创业的朋友切磋管理问题时，都会提及执行力，从人才招纳、任用到投入情感管理、以及制定公司管理制度等，尽管用尽一切办法去提升和改善执行力，但是，工作中难免还是会出现员工执行力不足的问题。

　　执行力不足主要表现在员工在工作中责任心不足，工作打折扣，无法按时完成工作，或不遵守流程制度，工作效果达不到期望值等。每当谈及员工执行力不足时，很多管理者都会归咎于员工的职业素质低、员工太过自私自利等，但是很多时候，执行力不足却是管理不到位的结果。本章就此问题着重探讨员工执行力不足的根本原因以及一些行之有效的提升执行力的管理方法。

打造高效执行力的几个关键因素

要提升执行力，首先要对执行力有个正确的认识。

在一个组织中，所谓的执行力就是指：当管理者下达了指令或者要求后，下属能够迅速地做出反应，将其贯彻实现或者严格执行的能力。从这个意义出发，组织的执行力要得以提升，必须具备几个要素：下指令或提要求（即指沟通）、下属迅速做出反应（即指找出正确的人去实施）、贯彻执行或严格执行（即指要将事情做正确）。为此，我们还可以用极为通俗的话去总结，"执行力"就是在做出有效沟通后，找出正确的人去做正确的事。为此，要提升执行力，也必须要解决这三个问题。这一节着重说说沟通的问题。

执行力要得到提升，沟通是前提。没有沟通，你的命令就难以得到执行。当然，这里要提及一个专业的沟通概念——SMART原则。

（1）你下达的目标必须要具体（Specific），即明确地告诉被执行者，你要去执行或实施什么，要达到怎样的一个具体目标；

（2）被执行目标必须是可衡量的（Measurable）；

（3）被执行目标必须是可以实现的（Attainable）；

（4）执行目标必须和其他的目标有关联性（Relevant）；

（5）执行目标必须具有明确的截止期限，而不是无限期（Time—based）。

也就是说，在你下达命令或目标之前，你必须要确保它符合以上五点要素。你不能拿着一个模糊不清、糊棱两可的目标，让下属去执行。也不要提出一个根本不可能完成的任务，或者没有期限的一个业务让他去做。否则，只是浪费时间，徒耗下属的精力。

沟通能够促进理解，才能生出高效的执行力。团队有一个好的沟通氛围和方法，也就成功了一半甚至更多。因为通过沟通，组织成员就可以群策群力，集思广益，在执行的过程中，大家都目标明确，清楚自己的职责，明白自己在这个任务中要充当什么样的角色，等等，这样才能紧密协作，共同提升执行力。

通过管理提升员工的执行力

在现实的管理中，很多经营者总是抱怨自己员工懒惰，不听话，不肯负责任，执行力低下。于是，他们对下属总是不放心，在工作中总是喜欢亲历亲为，看似勤劳，却致使团队的执行力越来越低。这样大包大揽换来的往往是员工加倍的懒惰、依赖性或极差的执行力，使管理者陷于疲于应付的恶性循环。

对此，美国管理学家 H·米勒曾经说过："真正的管理者要做的不是事必躬亲，而是要为员工指出路来。"也就是说，身为管理者，就应当充分授权，并且适时地监督员工的工作进度，从而打造出一支"精、准、狠"的高执行力的基层来。那么，在现实的管理中，管理者应为员工提供哪些指导呢？或者说，在现实管理中应如何通过管理提高员工的执行力呢？

（1）员工必须很清楚地知道每天的具体的工作目标，工作任务以及工作要求，如果员工不清楚，管理者就应该帮助员工弄清楚，理明白。

（2）管理者必须要搞清楚员工，至少是中层管理者的工作进度，工作质量以及工作状态，也就是管理者必须对员工的工作状况尽在掌握，如果员工不能准确地报告工作状态和工作问题，管理者就必须采用适当的检查手段，将工作状况搞清楚。做好具体的工作是员工的责任，而及时对员工的工作进行检查是管理者的责任。

（3）及时检查员工的工作进度，如果发现员工的工作存在问题，管理者就应该对具体的问题进行分析，究竟是方法技能方面的问题还是工作条件不具备。如果是工作条件不具备，管理者就应该提供相应的协调与支持，比如，有些部门的工作需要其他部门的协助，那么管理者就应该提供相应或具体的协调。如果是方法技能的问题，管理者还应该提供相应的指导支持，当然指导也未必是管理者亲自提供的。

（4）当员工工作效率低下，工作状态不佳，一个极为重要的原因可能跟考核激励措施或者公司内部的不公平竞争氛围有关，而优秀的管理者一定会及时觉察到其中的问题，利用利益机制来激发员工。建立客观公正的考核奖惩机制，奖励先进，惩罚落后，奖惩分明，激发员工内在的驱动力，从根本上提升执行力。

（5）执行力还与公司工作氛围关系密切。试想，如果公司给人的感觉是松垮、懒散的，如果多数人工作都不积极，也极难让个体员工有高效的执行力。所以，管理者要努力给公司营造一种高效、松紧有度的工作氛围。管理者要以身作则，时刻保持高昂的工作热情，雷厉风行的工作作风，同时也应该培养一批工作作风良好的积极分子，当然也要利用利益激励机制的引导作用，来打造良好的执行氛围。

所以工作执行力不能把希望寄托在员工的主动性、自觉性上，管理者应更主动把握执行力的主动权，而把握主动权的方法便是对工作进行管控，工作的执行力是管理出来的。

沟通出现障碍，是你的管理方式出了问题

我一个朋友，独自经营着一个约 10 人规模的文化创意类公司。他近来向我诉苦：我的员工最近士气低沉，工作效率低下，公司里的活儿都堆成山了，客户每天催得我心慌。这不，今天又因为交不了方案而丢了一个客户……

我问他：你是不是对员工管得太严格了，或者是给的工资太低呢？

"怎么可能，我公司刚成立，都没有具体的规章制度，就连考勤也没有严格的执行标准。工资给的也不少，底薪虽不高，但是提成比例相较同行已经高出不少！"朋友说道。

他说完，我就明白了。可能是朋友的管理方式出了问题。后来，我私下里了解，朋友经常会召开会议，只要有他在，员工都不怎么说话，直到他将工作目标或任务下达完了之后，大家散会走人，在会后也基本上不会提及这次开会的任何事情。之所以会出现这样的现象，原因有两个：朋友在每次开会前，必会做一件事情，就是将每个人轮番地批评一通，而且是按照顺序来，不批评他就不会讲后面的问题。总是在不停地数落这个员工的进度慢

了，那个员工的态度不够端正。批评完了之后，他会逐个儿地询问这些员工有没有什么问题，对工作有什么想法，对于项目是如何看待的，再让他们提建议。在这种紧张的工作氛围中，每个员工都想早点逃离老板的视线，自然也不会再说什么。这种会议，每个员工都貌似是公司的"罪人"，自然什么都听不进去，什么也都不记得。大家都会在想：我受了这么大的委屈，工作就先暂且放下吧，反正下次无论做什么，无论怎么努力，都还是要挨批的。可以说，这种执行力的低下，完全是因为管理者的管理方式出了问题，即沟通障碍。当然，主要的原因与管理者的情商有着极大的关系。

一个执行力高的团队，必定是相互之间沟通毫无障碍的。要知道，在一个团队中，大家要合力去完成一个项目，应该是相互合作、优劣互补的。在一起开会讨论，都是畅所欲言，对问题的披露没有任何的阻力才是。当然，要使你的队员相互之间能做到这样，取决于领导者的管理素质。要知道，一个团队的"首领"直接决定着其团队内部的文化氛围，而文化氛围决定着内部成员沟通是否畅快、有效。所以，管理者在平时要树立自己"威而不怒、亲而敬之"的个人形象。

实际上，在现实的管理中，威严与和蔼并不矛盾，只是有的领导常常顾此失彼，为了确立威信，经常对员工疾言厉色，动辄采用大棒政策，以为无可争辩的话语权和铁腕之风可以帮自己树立权威，这样做的后果是威慑力确实建立起来了，但是和员工的矛盾却越来越深，员工或许基于畏惧心理被动地配合其工作，然而却不愿意尽心竭力，执行力是没有保障的；有的领导则非常具有平民风范，常和员工打成一片，层级之间界限模糊，当然，这样的领导人气很高，但是号召力却很差，因为他对自己的角色定位错误，员工把他当成了自己人，早忘记了他作为领导者的身份，受恭敬的程度也会减分。

在一些组织里，我们看到有的领导经常发怒发威，搞得员工整天提心吊胆，看见领导好比是可怜的羔羊看到了凶猛的草原狼；有的领导整日笑眯眯的，说话也是和风细雨式的，对员工的过错采取包容态度，有时甚至是纵容员工的不当行为。这两类领导其实都是不称职的。有威严没有亲和力，或者只有亲和力却缺乏威严，都是管理的大忌。强权领导必然让人反感，软弱的领导根本就没有领导力。一个出色的领导者应该是不怒自威，既让人敬畏令人不敢造次，又能和颜悦色地和下属和平相处，给人以亲切愉悦之感。

《亮剑》中的李云龙就是一位既有威信又平易近人的领导者。他身为团长，在战场上具有极强的号召力和感召力，用他自己的话说就是“枪炮一响，全团上下都得听我的。”在执行任务的过程中，他说一不二，下达了指令士兵们必须按照命令行事，没有任何人可以例外，就连对待老战友孔捷，他也绝不容情。他曾经在战斗中毫不客气地警告孔捷，他是独立团的团长，在沙场上全团都要听他号令。

在生活中，李云龙却从不摆将帅的架子，非常体恤下属，待人平和宽容，有一次他发现警卫员偷酒吃，只是说了他两句，并没有深究。正是因为李云龙平时既有威仪又待人友善、平易近人，才赢得了独立团所有士兵的尊重和敬爱。他所带的队伍既有统一的战斗意志，又有良好的团队合作精神，成为了一支打不垮的精锐部队。既有将帅之风又不乏平民精神的李云龙带出的独立团历经战争的残酷洗礼，仍然斗志昂扬，书写出了属于自己的军事传奇。

所以，在现实管理中，我们要在自己的团队中树立"威而不怒，亲而敬之"的形象，从而带动团队在遵守原则的同时，也能畅所欲言地进行无障碍沟通，这是提升团队执行力的前提。

有效沟通是产生价值的前提

许多公司的经营者常会说："员工内部沟通极为频繁、畅快，无论是上下级之间，还是平级之间都会进行交流，我们也会针对相关的工作进行交流，可是为何内部的执行力还是一团糟呢？"或者他们会说："我们经常开会，并且平时也会在一起讨论问题，可为什么问题最终得不到有效解决呢？"

提出这些问题的，可能是沟通环节出了问题。要知道，要想让你的"计划""想法"或"战略"变成现实，并非是单将你的意愿向下属传达一下就是了，而是要与他们进行一次有效沟通。所谓的有效沟通，即指沟通的一方准确地表达了信息，而接收的一方也准确地接收并且理解了这些信息，沟通双方能够顺利传递并且理解信息。虽然说起来容易，但是想要做到真正有效的沟通，是需要一定的技巧与步骤的。

一般来说，有效沟通有四个步骤：注意、了解、接受、行动。

（1）"注意"，即指注意力，你传达的信息能引起接受信息者的注意，以为了其更能理解你所传达的意图或意思。同时，也为了让你向他传达更详细的信息做铺垫。

（2）"了解"，即指你与接受信息者在进一步交流后，挑起话题的这一方应该积极主动地去寻求双方都能理解的"共同语言"。用通俗的话说，你说的"行业暗语"或"专业术语"必须是对方都是十分了解和清楚的，或者你传达的语言信息是对方十分愿意听的，这样才能将沟通的话题进一步延续下去。

当双方找到共同语言后，你们之间谈话的氛围就会变得轻松、愉快，彼此之间原有的隔阂与本能的防备就会不断地消除，而且在交流期间，双方就会加深了解，并且由共同的话题延伸到其他的话题当中来，从而更好地转移到那些重要的问题上去。

（3）"接受"，即指沟通的受众对象接受交谈者的观点、命令、意见或者建议后，在经过前几个沟通步骤后，谈话双方都比较了解，而且整个谈话的氛围都比较融洽，这个时候双方开始建立起最基本的信任，对方事实上会更加容易接受提出请求或者建议的这一方。

（4）最后一步"行动"，即指接纳信息者在有效地接到你的命令、意见或者建议后，会立即采取有效的行动来践行这项任务，并且努力达到预期的目标和满足对方所提出的要求。

这四个步骤其实也可以分为三个阶段，在第一个阶段，沟通双方只有很少的共同经历，表达方式不相同，立场不一致，很容易产生误解和矛盾；在第二个阶段，双方的了解开始不断加深，彼此愿意谈论一些共同的经历，表达方式开始相互迁就，彼此之间也能相互理解和配合；第三个阶段，双方的共同话题越来越多，表达方式开始趋于一致，理解和信任程度不断地加深。

在公司里，有效沟通是产生价值的前提。要提升公司执行力，有效沟通是关键，掌握这些最基本的沟通方法，是提升公司执行力的关键所在。

强化追责：让每个员工都担起责任来

责权不分明、遇事相互推诿、扯皮，是导致公司执行力低下的又一原因。当然，这也是多数公司，尤其是小型民营公司的主要问题。

曾在报纸上看到这样一个管理案例：

一家大型五金生产厂家的老板打电话咨询一个管理难题：上个月我交代助理本月的销售额要达到 500 万，助理将这个指标下达到了销售部门，采购部门和生产部门等各部，并且我也指定了每个部门相应的负责人，将任务交代下去后，我也会随时来检查进展，一切都按照计划在进行。

然而，快到月底的时候，问题出现了，销售部门没有产品，采购部门原料不足，而生产部门又因为原料不足而无法生产。因此，这个月的任务没有完成。于是，我就将各个部门的负责人召集起来，想找出原因，但是结果并不好。销售部门的负责人和生产部门的负责人把矛头都指向了采购部门，认为责任是他们的。如果能够及时供应原料，生产部门就能正常生产，销售部门也不会缺乏产品而无法销售。而采购部门的负责人则是一脸委屈地说是因为财务部门的资金未能及时提供，才导致采购部门无法供应。但是采购部门也想了很多办法，但是最后还是没有解决这个问题，每个部门的负责人各说各有理。于是我在想，对于没有完成这个结果，到底该由谁负责呢？

其实，在现实中，很多公司或企业的老板都曾遇到过类似让人头疼的管理难题：各个部门之间相互推卸责任，绕了一大圈，大家都没问题，那究竟是谁出了问题呢？当然是管理出了问题。

对于此类问题如何解决？以我的管理经验和办法，那就是给每个部门分发经营会计报表，在企业内部或者部门展开内部管理，采取透明式经营，一切拿报表说话，明确各个部门的责任，改造企业内部的文化。具体来说，你可以从以下几个方面着手：

（1）经营者或管理者要将公司的营销、生产、研发、采购、物流等部门进行独立核算，引入内部交易机制，给每个部门单独算账，确立与市场或利润挂钩的部门核算制度。然后给他们制订简单、通俗，且能一目了然反映实际状况的数据报表，能够清晰地将企业部门内的现状看清看透。

（2）当企业、各部门都配有这样的经营会计报表之后，所有的问题就一目了然浮现在大家面前，哪里出了问题，是哪个部门的责任都一清二楚，大家再也不能够推诿扯皮了。比如说，如果公司当月的经营利润计划为 600 万，实际上只有 540 万，我们就可以在总的经营会计报表中分别分析"销售额""销售成本""促销费""赠品费用""制造成本""采购成本""物流费用""人员工资""办公费用""资金使用费"等各项费用的增加或减少，对于当月经营利润产生的是正面的还是负面的影响。企业老板带着各个部门负责人一起分析，明确每一项任务对于每个部门的责任，让责任无法推诿。具体的报表制作最好能详细到人，哪里出了问题，就去找谁。

（3）保证每个报表数据的严谨性。如果做不到这一点，那么报表便无法真正地发挥作用。保证数据的严谨的关键是管理者严肃认真的态度。各部门对报表数字必须要有严谨、追究到底的精神。有了这种严谨，才能提升每个员工的责任感。

（4）及时从经营报表中发现问题。从部门表报中发现本次销售额没有完成到底是哪个部门的责任，该部门下一步就要开始做改善计划，进而使整个生产线进行循环改善。

用有效的制度让执行力"提速"

微软公司创始人比尔·盖茨曾经说过："微软在未来十年内，所面临的挑战就是执行力。"可以说，在未来，公司内部执行力的高低，直接决定其产品或服务在市场上的竞争力。当然，提升执行力的方法有很多，最直接有效的方法，就是运用有效的管理制度，用制度为执行"提速"。

公司可以根据实际情况规定规章制度，并将它公布于众，使每一位员工都知道哪些该做，哪些不该做，做到什么标准，做好了能得到怎样的奖励，做不好会受到怎样的惩罚。通过这些制度，员工的行为得到了规范，员工明确了做事的流程，凡事有章可循。这样，执行力自然会得到提升。

一位在义乌办五金机械厂的老板，我叫他老李。一次，他在上海出差，住在北京四环边上的一家酒店。一天晚上，他吃完饭后便在街上瞎晃悠。这也是他最喜欢的一种休闲方式，他把这叫作"跑信息"，又称之为"捡钞票"。

当时北京的大街小巷到处都是糖炒板栗的小摊小贩，街头巷尾都飘着板栗的香味。有一家食品店的板栗极其受欢迎，大家都过来排着长队买板栗。老李观察买板栗的人，发现他们买到板栗后，往往会猴急地剥、咬，费了老大的劲儿，才将板栗弄开，同时也把板栗弄得支离破碎。

老李脑子一转，立即想到一个点子：如果有一个机器专门剥板栗，那岂不是很好？他的脑子高速运转，在画草图，用镀锌的铁皮制作，成本大概 1 毛 5 一个，出厂价大概 3 毛钱。

10 分钟之后，老李推开那家食品店的大门，找到了老板说明了自己的来意。老板听了他可以生产出剥栗机，便产生了兴趣，认为肯定会受到顾客的欢迎。但要尽快上市，而且越早越好。他希望老李在两个月之内搞定，但老李微微一笑，说："不用两个月，一个星期之后我就会给你送来。"

当天晚上，老李就给自己厂里传真了一个剥栗器的草图，两个小时后，模具出来了，冲床开始运转。3 天后，老李派人将一车剥栗器送到北京，大大小小的炒板栗的商贩都成了他的客户。

老李的团队为何仅用三天的时间，就能将剥栗器生产出来呢？当那位食品店老板惊诧地问他这个问题时，他会笑着说："因为我们团队的执行力是有制度保证的，每一次执行，都严格按照制度和流程来，不用走弯路，所以才会有速度。"

用制度来为执行力提速，这在老李的团队身上表现得淋漓尽致。一套科学合理的制度，可以排除执行中不必要的障碍，可以化解繁杂的程序，消除官僚主义，避免员工之间相互推诿责任、拖延时间等不良情况。因此，制度是执行力的保障，按照制度去执行任务，速度是惊人的。

在当下这个快速变化的市场环境下，公司要想提升执行力，就需要严格的制度和工作流程来为其保驾护航。要想让流程变得简单、高效，就需要想办法去精简办公环节，减少不必要的工作步骤。同时，也要懂得优化内部机制，充分调动员工的工作积极性，比如，制定按劳取酬的奖励制度，就可以充分释放员工的工作积极性。再者，要敢于将大目标分解成若干小目标，让每个人都负责，谁负责的工作步骤出了问题，谁就要受到相应的惩罚，反之，则会受到奖励，有这样的严格的制度作保证，就很容易提升公司的执行力。

组织结构"扁平化"：高效率的保证

传统的"金字塔"式的层级分明的公司管理组织，已是高效执行力的重要阻碍。这种组织结构模式比较僵化，缺乏灵活性：行政结构越来越庞大，各个部门之间的横向联系极为薄弱，各个部门之间的协调性越来越难，各个职能的成员注重部门目标而不是企业的整体目标，使工作效率受到影响。同时，一旦遇到问题，各个部门之间则是互相推诿、抱怨。这样不仅造成人力资源的浪费，增加生产成本，而且还大大降低了运营效率。可以说，金字塔式的自上往下的矩阵图式的传统企业组织架构已经难以适应激烈的市场竞争与快速变化的环境要求。为此，对企业原有的组织结构进行"瘦身"，推行"扁平化"的组织结构已经势在必行。

这几年来，小米的发展速度可谓令人惊讶，在短短的几年内，小米手机的产量为何能冲进全球前三？这都得益于小米公司内部实施"扁平化"的组织结构与简化管理。他们始终认为：互联网时代，公司必须学会缩短与消费者之间的距离，真正做到贴近用户、走进消费者的心里，与消费者融合到一起。只有这样才能跟消费者进行有效的互动，才能够顺利将消费者变成小米产品的推动者，甚至是变成小米的产品设计研发人才，传播和推动小米产品。而要实现这些就要对公司组织进行扁平化的设计，也就是组织要尽量地做到简化，这同时也算是新经济背景下的一种管理理念：简约、高效、极致。

小米公司的组织完全是扁平化的，基本上7个人就是一个小团体，形成一个自主的经济体。其组织架构基本上就是核心创始人——部门领导——员工这三级，而且小米从来没有打卡制度，没有考核制度，只强调员工的自我驱动，强调要把别人的事当成自己的事，强调责任感。小米公司的每个小团体的行为目标完成是围绕市场与用户体验价值而定的，决不让团队过大，团队一旦达到一定的规模，就要拆分，变成项目制，大家进行自动协同，然后承担各自的任务和责任。

从整体上来看，小米公司的管理非常简单，一层产品、一层营销、一层硬件、一层电商，每层由一名创始人坐镇，大家互不干涉，除七个创始人有职位，其他人都没有职位，都是工程师。所有员工晋升的唯一奖励就是：涨薪。不需要员工考虑太多杂事和杂念，没有什么团队利益，可以一心扑在本职工作上。

当然，扁平化的组织之间，也是有竞争制度的，大家为了竞争做事情，为创新而创新，而不一定是为了用户而创新。其他公司对工程师强调是把技术做好，而小米的要求是，工程师要对用户的价值负责任，为伙伴负责，而不是为技术而技术。

世界战略管理大师哈默尔指出，一个公司的人员越多，就会有越多层的员工层级，每一层都需要管理人员去管理下一层的工作人员。但是管理人员越多，基层员工的意见和建议就越难被听到。而决策的决定和执行也会越来越没效率。哈默尔认为，要解决这个现象，只需要解雇所有的管理者。

除了国内的小米，世界最大的西红柿加工厂，美国的"晨星西红柿"公司，就是"扁平化"组织结构理论的执行者。1990年，"晨星西红柿"公司创立，拥有 400 名专职员工和 3000 名兼职员工的"晨星西红柿"公司利润增长很快，员工流失率非常低，创新能力还很高。但没有管理层、没有 CEO，所有人都没有头衔，也无所谓升职。无论是生物学家、农场工人还是公司会计，所有人才都对公司同样负责。员工的职责、绩效指标和工资都是自己和同事商量的，预算也是靠员工商量出来的，没有涉及金钱和地位的斗争，员工更加觉得是对同事负责，而不是对老板负责。当公司规模扩大时，旧的"金字塔"式的管理结构是增加管理层，而"扁平化"管理所实施的有效办法是每个部门增加"班长式"的小团队，增加管理幅度。

可以说，"扁平化"管理是以工作流程为中心而非以部门职能来构建组织结构。由于组织架构得到了细分，最基层的阿米巴组织也能够最大限度地发挥公司整体的能量。企业员工经过组织划分后，由于责任细化，便会萌生一种经营自家企业的意识，工作会更加积极主动，从而在公司中传递源源不断的正能量。

将组织简化，划小经营核算单位，管理去中心化，激发活力，从中央集权变成小单位作战，是未来企业发展的趋势。无论是海尔的自主经营体，还是华为的"班长的战争"，都是在把大企业做小，激发经营活力，提高各个经营体的自主经营能力。相应地，组织管理出现去中心化，管理层级越来越少，组织变得更为简约，以激发组织活力。同时，实现总部的平台化、集约化，以提高总部对市场一线的支持服务能力；而一线则是要提高综合作战能力，对市场和客户做出快速的反应，这是未来企业组织变革的趋势。

当然，企业在推行"扁平化"的组织结构，需要注意以下几点：

1. "放权"是实现"扁平化"组织管理的关键

在现实中，许多企业在多年的经营中，已经形成了"等级森严"的管理等级，要实现"扁平化"管理，可能会因为触及这些管理层的利益而遭到抵制，这时企业主就要拿出魄力来进行改革。同时，实现扁平化管理的关键在于将权力下放到基层，如果管理者不肯放权，那么即便你企业的组织结构再简化，也难以真正实现扁平化管理。

2. 强调以用户为中心，以市场为导向，建立各自领域里的事业体

扁平化管理是自下往上的"蜂巢图"，由许多个"班长式"团体构成的组织基础，每个小的组织都是一个独立的利润中心。这种组织结构使员工打破了原有的部门界限，绕过原来的中间管理层次，直接面对顾客和向公司总体目标负责任，以群体协作的优势赢得市场主导地位。这种管理模式，灵活、敏捷、富有柔性和创造性，是提升公司整体利润的一种有效方法。

腾讯公司曾指出，企业大了以后最大的问题就是消除内部的"敌人"，要破除大企业病，保持小企业的灵活性和创新精神。所以，2012年开始，腾讯就在进行组织结构的调整，不再以业务模

块为中心或者以合伙人为中心，而是强调必须以客户为中心建立事业体。

现在，腾讯已经形成了七大事业群，包括网络媒体事业群、社交网络事业群、互动娱乐事业群、技术工程事业群等。各个事业群围绕着客户来整合各种资源，真正建立以客户为导向的事业体。事业群里面也不再搞"金字塔"式的管理，而是基于客户群体形成大项目里套小项目的项目合作制，一个事业群里面有无数个项目组在合作。

腾讯的这种组织变革其实是希望抓住互联网聚集、快速、灵活的优势，在事业群里充分发挥民营小公司的灵活性和创新精神。

扁平化组织在公司中的运作核心是：通过"班长式"小团队的自我管理，不断地释放整体知识能量，进而实现公司价值创造空间的创新和拓展。

3. 注重企业内部良性文化的建设

"班长式"的经营结构与扁平化的组织结构使公司的很多经营权与决策权下放到诸多的"班长"手中，这除了需要制度对"班长"和"组织"进行约束外，更多时候要靠企业内部的良性健康的文化进行约束，靠价值观去凝聚人、牵引人，一切围绕"客户"，以市场为导向，提升灵活性和自发性的同时，也要搞好监管。

由此可见，要真正实施扁平化管理，由企业主带头，营造良好的企业文化氛围显得极为重要。

摒弃"人海战术"，缩小"经营单位"

在新的形势下，将公司"做小做强"已势在必行。这里的将公司"做小"不是指缩减公司的规模，而是指淘汰大单位作战的"人海战术"，缩小经营单位，即从原来的以"部门作战"分割成以少数人组成的以"班级作战"，尽力让每位基层员工都参与到企业的经营上来，调动每个员工的积极性和创造性，创造出"个体单位的最大效益"来。

日本经营之神稻盛和夫曾用"阿米巴经营"模式，成功地将京瓷和日航推向了世界五百强。他所倡导的阿米巴经营模式，就是以各个"阿米巴"的领导为核心，让其自行制定各自的计划，并依靠全体成员的智能和努力来完成目标。通过这种做法，让第一线的每一位员工都能够成为主角，主动参与公司的经营，进而实现"全员参与经营"，从而打造一支激情四射的经营团队。我们这里讲的缩小经营单位，与稻盛和夫所倡导的"阿米巴经营"有着异曲同工之处，都是通过简化、精确企业的组织结构，使每个人都成为价值的创造者，从根本上提升"作战能力"。

近几年来，关于缩小"经营单位"，华为做得比较多。任正非提出，"简化组织管理，让组织更轻便灵活，是我们未来组织的奋斗目标"。华为将从中央集权变成小单位作战，"通过现代化的小单位作战部队，到前方去发现战略机会，再迅速地向后方请求强大的火力，用现代化手段实施精准打击"，这就是"班长的战争"。

为实现这种改革，华为开始建立子公司董事会。过去华为一直是中央集权，因为企业的资源不够，所以得把所有的资源集聚在一起形成强大火力去冲锋。现在，品牌资源、资金资源、客户资源都有了，这时候就需要"改变阵法"，要把企业的一些重大经营决策下放到子公司董事会。

子公司董事会有一项重要的职责，就是代表资本方实现对经营者的监督。在强调"班长的战争"的同时，任正非提出，"我们既要及时放权，把指挥权交给一线，又要防止一线的人乱打仗，所以监控机制要跟上"。

华为提出，要缩小作战单元，让前方听得见炮火的人指挥战争，提升一线的综合作战能力，五年以内逐步实现"让前方来呼唤炮火"。要缩减组织层次、缩小组织规模，部门要进行功能整合和合并，总部要变成资源分配和支持的平台，以便于能快速响应前方的呼唤。

缩小经营单位，小单位作战，打"班长的战争"，是华为组织变革的一个趋势，也是未来许多企业内部组织需要变革的一个趋势，因为在这个多变的经济时代，要快速地捕捉机会、响应市场，组织就必须要精简、简约，要使得每个人参与到"价值"的创造中来，每个人都有价值地工作。

当然了，企业要缩小"经营单位"，打赢"班长的战争"，就必须注意以下几点：

1. 确立与市场挂钩的"班长部门"的核算制度

公司在追求销售额最大化和经费最小化，将组织划分成"班长部门"的小单元，每位"班长"都要根据自身部门的特点，制订"生产目标"，绩效奖励制度，让每个员工的绩效都能放到市场上去衡量，这样一方面可以让每位员工都能触摸到市场的脉搏，随时调整工作目标，可以最大限度地避免风险，另一方面可以积极地调动每位员工工作的积极性和创造性，为"班长部门"创造最大的效益，如此一来，公司的整体盈利也将会是巨大的。

2. 对"班长"实施有效的监管机制

缩小经营单位，公司将指挥权交给"班长"后，还要防止"班长"带着队伍乱打一通。所以，建立有效的监管机制就显得极为重要了。根据华为的经验，最为具体的实施方式就是建立子公司董事会，由子公司董事会代表资本方去实现对"班长"的有效监管。用简单的话来说，班长是螳螂，螳螂捕蝉的时候后面还要跟一只黄雀，这只黄雀就是子公司董事会，不过，黄雀不能轻易动手抓螳螂，因为螳螂正在集中精力捕蝉。也就是说，子公司的董事会担负着十分重要的使命，即要下放权力，又要对"班长"实施有效的监督。当然，具体如何去监督，还要根据自身企业的特点制定有效的制度措施。

3. 对"班长"实施培训，不断提升他们的能力

当公司经营规模缩小成"班长部门"后，那班长的自身的能力就显得极为重要。可以说，整个公司都是由无数个"班长"组成的，他们的能力直接决定了公司的"盈利"能力，也可以说，班长的能力，就是整个公司的核心竞争力。国际上的通用电气、微软、苹果、谷歌、国内的小米、腾讯等，都是利用小团队研发去赢得市场主导产品的。

也正是因为这些原因，公司必须要对"班长"进行不定期的培训，让"班长"与"班长"之间进行交流，相互借鉴经验教训等，提升他们的能力。

我们所说的打赢"班长的战争"，从根本上讲，就是让"班长"带领他的团队去触摸市场脉搏，提升企业的灵活度，最大限度地发挥每个员工对企业发展的"参与感"，最终从根本上提升整个公司的竞争力。

公司"平台化"：做好资源运筹与人才整合

组织结构"扁平化"，企业管理尽量推行"极简化"，这是现代公司提升执行力的重要的改革方法之一，即通过改革公司内部的结构组织，将原来的"金字塔"式的人事结构，改为扁平化的人事结构，将公司完全变成内部资源运筹与人才整合的平台。比如，华为公司，内部成立子公司，将权力下放到一线工作人员身上，华为总公司的职能从"拍板决策层"变成了品牌建设、人才整合与资金资源运筹的一个支持平台，将经营权和决策权大部分都交到了基层"班长"手中。这种运营模式能从根本上调动所有员工的工作积极性和能动性，大大地提升执行效率。

韩都衣舍作为中国互联网快时尚品牌，销路一路飙红。在2014 年，韩都衣舍先后夺得天猫"双十一"女装冠军、"双十二"女装冠军及年度交易总冠军，成为名副其实的"三冠军"。在互联网这样一个快节奏的平台上，韩都衣舍是如何迅速成长起来，并取得不菲的成绩的呢？

从根本上看，韩都衣舍的成功就在于其独特的管理模式和企业在资源运筹与人才整合方面的"平台化"。

韩都衣舍目前共有 280 个产品小组，每个小组由 1～3 名成员组成，当然这些小组成员都是由总公司来分配整合的，每个小组成员主要负责产品的选款、页面制作、库存管理等，目前韩都衣舍旗下的 28 个品牌都是分裂出来的！也就是说，韩都衣舍已将自身定位于基于互联网的多品牌运营集团，本质上其实是一个平台公司，而不仅仅是某个已经被限定了的产品公司，它突出的是"人人都是经营者"。

可以说，以小组为核心的单品全程运营体系已经成为韩都衣舍公司的经营特色，也是韩都衣舍经营灵活性的重要保障。那么，这个以小组为核心的单品全程运营体系到底为何物呢？它是怎么产生的，又有什么功能呢？

简单来说，就是将产品设计、导购页面制作与货物管理全权交给 3 人小组，由他们自主经营，自负盈亏。该体系的本质是将运营组织最小化，在此基础上实现"责、权、利"的相对统一：在"责"上，根据所获资源，每个小组都有明确的销售额、毛利以及库存周转率的要求；在"权"上，开发哪些款式、每款几个码、如何定价、库存深度多少、是否参加打折等都由小组说了算，几乎拥有一个网店老板的所有权力；在"利"上，用销售额减去相关费用，再乘以毛利率、提成系数与库存周转系数，就是小组奖金。如此一来，3 人小组为了提高业绩，工作积极性就会大大增强。

另一方面，对公司来讲，每款产品都有 3 个人来全程跟踪，3人组应对市场反应是快速准确的，从而提高了库存周转效率并促进了新产品的及时上线。该体系支持针对每一款商品实现精细化运营，最终实现单品结算，使做一款产品与做 1000 款产品别无二致，这其实就像是农业合作社过后的家庭联产承包责任制，通过责任到人，员工的积极性便得到根本性的提高，从而也提高了整个公司和品牌的利润率。

韩都衣舍总公司已经成为单个时尚品牌的孵化平台。总公司会利用自己的资源和技术为子品牌提供供应链、IT、仓储、客服四大方面的专业化服务，子品牌只需要专心做产品研发。

韩都衣舍实行的小前端、大平台的运营模式，就是希望通过这个平台帮助子品牌实现协调性与质量的统一。在该平台上其旗下的子品牌不仅可以享受到四大专业化的服务，还可以参加"韩都大学"接受电商专业知识的培训以及商业模式等经验交流。

"韩都衣舍"对公司的资源分配有着十分仔细的规划，所有的资源都只为获取用户的满意，可以这么说，其公司总部就是一个资源分配、支持销售和人才整合的平台。

在现阶段，一个企业竞争力的强弱，不仅体现在盈利能力上，还主要体现在对资源的运筹能力上。在新的经济形势下，身为企业主或者管理者如何才能让公司巧妙地完成总部变身为资源运筹和支持的平台，同时还能有效地提高公司的盈利能力呢？在此，我们给出以下几点建议：

1. 对公司的总资源进行充分的分析和把握

公司既作为资源运筹的总平台，身为企业主应该充分对公司的资源进行分析，同时更要关注重点公司、产品与投资的具体把握；要善于从战略的发展、收益能力和风险水平等不同视角综合反映总部资产和收益状况、各下属业务单元的资源利用效率与效果；既要有横向行业标杆比较分析，也要有纵向的战略回顾；同时还需要以此为基础设计公司内部差异化的预警机制和业绩评价指标体系。在管理思路上最重要的一点就是对公司总部的这种分析能力，管理者既要能把握定性情况，更要重视用数据说话、指针量化。

2. 对资源进行分配和集中决策

在缩小公司经营单位的同时，公司的财务、人力、材料等资源必须要牢牢地掌控在总部手中，下属各单位不得作为财务投资主体，而是需要实施专业化运用，培育专业化运营的业务版块或子公司，同时，也应对各业务版块的经营风险与财务风险给予警示和监督。

权力"下放"：让基层员工参与经营

将公司"做小"，实现企业组织与管理的极简化和高效化后，接下来极为关键的就是高层领导者要将权力下放。经营单位"缩小化"后，每个经营单位都是相对独立的经营实体，必须要具有一定的职权和能力。如果公司总部不愿意下放权力，总想将权力握在手中，或者经营单位不敢行使相应的权力，继续依赖公司总部，那公司"简化、高效、极致"的目标就难以实现。因此，企业经营者在缩小经营单位，划分"班长"制的经营模式时，一定要有意识地锻炼下属业务单元的独立经营能力，并赋予其一定的职权。在划分经营单位人员时就要严格按照职权划分的规则，公司总部不该管的地方坚决不管，经营单位要承担的责任必须要承担起来。

当然，身为管理者，要想将权力"下放"，第一就要积极营造出"授权"的氛围。

雷军说，每个员工都希望获得展现自我的机会，一旦得到机会，他们都会不遗余力地努力完成任务。当然，如果一个领导总是对他们的工作横加干涉，对他们的表现持怀疑态度，会极大地影响到他们的积极性。作为员工，他们需要被人信任，尤其是被上级信任的感觉，这样他们才能真正地展露自己的能力。

为什么要营造一个良好的授权氛围呢？这实际上是要引起员工对授权工作的重视，观察他们对授权的看法。因此，在确定授权之前，努力营造一个好的氛围是很重要的，作为一个管理者，可以从以下几个方面着手：

（1）与员工分享企业的信息，管理者为下属提供企业的经营成本、生产效率、产品和服务质量、财务状况、业绩等一系列敏感的信息。

（2）授予员工一定的工作自主权，在一定范围内鼓励员工自己做主。

（3）明确"经营团体"中每个人的责任，让整个经营团体都富有责任感，拒绝对工作"踢皮球"的心态。

（4）帮助员工成长，作为一个管理者，要成为下属的老师和团队的带头人，创造一个良好的环境，发挥每一个人的能力。

原宏碁集团董事长施振荣在管理上特别注重授权，他曾经说过："你一插手就完了，他怎么长大？"与施振荣一起创立公司的副总裁黄少华说："施振荣从不不会强迫你做任何事，除非你同意或愿意去做。"

要想让授权取得理想的结果，有一个良好的授权氛围很是关键，作为一个管理者，不能忽视对授权氛围的营造，否则的话，员工就有可能不能正确地领会领导的真正意图和企业发展的方向。

（5）量材而用，合理授权。公司的管理者要始终明确一点：以能量授权。以资历授权会贻误大事。如果想要成功授权，其关键就是需要根据员工能力大小而非知识水平高低进行适当授权。同时还要保证在进行权力下放分配时，不危及管理者的权威。否则，管理者在今后的管理过程中会出现许多意想不到的问题。也就是说，管理者在向下属授权时，一定要考虑权力下放的宽度与深度。比如，需要下放多少权力，向哪些人下放权力，在哪些方向可以下放权力，哪些方面不能下放权力等。除此之外，公司的流程和在岗人员分配方面也应该做出相应的调整。

要想做好这些，公司需要通过绩效评估、素质测评、观察、访谈等方法对员工进行排序，之后才可以实施梯次授权。具体包括充分授权和不充分授权。

作为本田集团的第二任社长，当河岛决定在美国办厂时，企业内已经预先设立了筹备委员会，其成员主要来自人事、生产、资本三个专门委员会中的人才。虽然做出决策的是河岛，但制定具体方案的却是委员会的其他成员，河岛在授权之前，对这些人才都做了充分的调查和研究，最终得出结论，认为委员会成员会比他做得更好。

新厂最终落户俄亥俄州，令人意外的是，河岛一次也没有去看过。一天，一位副总问他为什么不到美国实地考察一番，他的回答是："美国对我来说完全是陌生的，既然熟悉它的人觉得这块地最好，我就该相信他的眼光。我又不是房地产商，也不是账房先生。"

对于财务和销售方面的管理，河岛完全继承了本田的作风，他把这方面的工作全权托付给副社长。1985 年 9 月，在东京青山，一栋充满现代感的大楼落成了，赴日访问的英国查尔斯王子和戴安娜王妃参观了这栋大楼，媒体也竞相报道，本田技术研究公司的"本田青山大楼"从此扬名世界。实际去规划这栋总社大楼、提出各种方案并将它实现的是一些年轻的员工们，本田宗一郎本人没有插手过问，他对手下常说的一句话就是：不要抱着权力不放，要充分相信年轻人。

本田集团之所以能够不断创造新的业绩，实现新的突破，很大程度上在于本田能够根据每个人的长处充分授权，对于一些能有作为的年轻人也敢于大胆起用，培养他们强烈的工作使命感，使本田集团不断向前发展。

管理者或经营者将权力下放到基层，让他们控制好自己的部门，整个公司的资源便能得到有效的利用。权力下放可以激发和鼓励员工，这份信任可以激励他们的责任心，让他们感受到自身的重要性，为公司创造价值而不仅仅是实现价值。

让"薪酬"与"价值"挂钩：每个员工都是 CEO

要提升公司的执行力，就要不断变革公司的经营模式。将权力下放，让基层员工参与经营，在公司内部实施"创客化"，是新经济形势下，公司提升竞争力的大势所趋。在公司内部实施"创客化"，让每个员工从原来的"被雇佣者"变成公司的动态合伙人，这其中最为核心的问题，就是要改变员工的薪酬来源。原来员工的薪酬都由企业统一发放，对于表现好的员工给予适当的奖励。但是，员工"创客化"后，企业内部则要发生颠覆性的改变。

第一，企业完全变成了平台。这个时候，企业已经不是通过"雇用员工"来创造价值的机构，而是提供员工创业资源的平台。企业提供资源、渠道等，员工可以自己组建团队来进行创业。

第二，企业科层机构压扁，即组织结构扁平化。就像海尔公司，为了节省资源，将中间的一万多人的管理层给"砍"掉了。

对此，海尔总裁张瑞敏说，要适应新经济形式，企业必须要做到去"两化"：第一，"去中心化"，即指企业没有中心。原来的企业有很多中心，所有的领导都是中心，每个员工都有他的上级，甚至很多上级，很多中心。这造成了人力资源的浪费，大大地增加了成本；第二，去"中介化"。过去企业有一千多人专门评价内部员工做得怎么样，现在完全不需要了，要将这些机构人员裁掉。为什么不需要？就是让客户直接评价。比如我们的物流，给用户承诺按约送达，超时免单，七点送，超过七点所有送的货不要钱。这个就无须再用专门的人去了解用户对员工的评价，交由用户直接评价就是了。去"两化"之后，企业内部发生了怎样的变化呢？原来企业有很多层级，现在则变成了三种人。这三种人互相不是领导被领导的关系，而是创业范围不同的关系。第一种人叫作平台主。所谓的平台主就是你本来管了很多很多的工厂，很多很多的车间，但是你现在是一个平台，你不再去管理这些车间，而是给创业团队提供平台支持。第二种人叫小微主，小微主是什么，即为一个创业团队。第三种人，就是普通员工，要变成创客，也就是说，企业中的每个人都是创业者。

第三，员工的薪酬来源，从他们自身创造的价值中来。

张瑞敏说，从前，每个员工都是雇佣者、执行者，传统企业薪酬就是岗位付薪，虽然有很多考核，但是哪个岗位就有多少薪酬。现在我们内部叫它"断奶"，不再给员工薪酬，你需要从创造用户的价值中得到，得不到就自动离开。结果有一些小团队就没有挣到钱，没有创造用户价值，他们的"平台主"就要判断他们到底行不行：不行就要离开，让另外的团队来做；如果行，那这段时间的工资就由"平台主"来开。这便是企业内部的公平、公正得到了彰显，使每个员工的价值、能力得到最大限度的发挥。

还有一种合作关系，就是平台与小微主的关系，即平台主不是领导，不是管理小微主的，而是为他提供服务的。比如，一个小微主，他在利用公司平台创业过程中，平台主预示到风险后，便跟他切断了关系，即无论你干得好与坏，企业都不再给你发钱。这个小微主的项目没有做起来，他的工资、出差费用，所有的费用也就没有了。他给平台主提出能不能通融企业把钱借给他。这当然是不可能的，最后经过考虑，这个平台主说可以借钱为你提供支持，于是便拿出了20万用来支持这个项目。小微主和他的团队会拼尽全力去干好这个项目，否则，这些钱就全打水漂了，那最终小微主就要承担责任，要把这个钱给还回去。也就是说，当员工成为创客后，利益和风险必须要共同承担的，否则，所谓的创业就是一句空话。

海尔在内部实施"创客化"，截至2015年8月，包括平台主在内的20多个人共同出资500万投入平台，其中平台主出资100万，这样的员工真正成为了公司的合伙人、股东，更好地推动公司实现"用户付薪"。

对此，张瑞敏称："每个员工由雇佣制变成创客后，创客需要跟投创业，有风投来投资，你要跟着投资，这样就绑在一起了，最后达到共赢的目的。"

2015 年，海尔实行孵化的"快递顺"项目就是一个很好的例子，他们与风投签订了一个 3 年市场目标的对赌协议，如果完成不了，前期投的 900 万元将赔给风投。对于这个项目，张瑞敏透露："合伙人不是不管我干得好不好都拥有股份，如果干得好股份可以保留甚至扩大，如果没有能力再往前推进，就要把钱退给你，这和股市上买股票是一样的。"

在海尔创造的小微团队中有的团队可以增长，有的团队不能增长，如果实现 100％增长将会在海尔内部加快复制。目前，海尔小微团队不仅孵化出了免清洗洗衣机、雷神游戏本、智能烤箱、手持洗衣机等家电产品，还覆盖了物流、金融等领域。

由此可见，要想顺利实现内部"断奶"，让员工的薪酬从其创造的用户价值中得到，可以最大限度地提升员工的积极性和创造性，同时还可以凝聚人心，提升企业的向心力，让全员参与，将企业做强。

当然，员工"创客化"后，要想让员工获得最大的利益，经营者或管理者，需要做以下的努力：

1. 公司对员工进行培训

让员工在企业内部进行自主创业，决定其成败的就是员工的素质。企业除了给员工以资金、渠道支持外，还要将精力放在对他们的培养上，定期地对他们进行专业知识和操作方面的培训，让他们在不断学习中提升自身的专业素质，这样才能让他们在增值中创造价值。

另外，对员工进行培训为他们建立学习型组织提供了保障，使企业时刻有新的血液注入。这样可以让员工永不满足地提高产品和服务质量，通过不断学习和创新来提高效率。企业要为员工建立学习型组织，就要建立一个能够充分激发员工活力的人才培训机构，成功的培训将是企业获得效益、员工获得收益的不竭源泉。

2. 先破后立，鼓励员工从细微处进行创新

员工在企业内部实施自主创业，其创新能力就显得极为重要。让员工创新，将他们的想法付诸行动，企业就要给予引导。正所谓，不破不立，创新的前提是尊重传统，很多时候的创新并不见得要大刀阔斧，往往一个细微改变就能化腐朽为神奇。因此，管理者要常常鼓励员工进行微创新，这样才能在枯燥繁杂的日常工作中创造出在"细微处开出花儿来的小奇迹"。也就是说，当公司真正从细微处着手，慢慢积累创新经验时，就会最终从量变跃进到质变。

我们处于一个"大众创业、万众创新"的时代里。但是，大凡谈到改革和创新，在很多人的脑海和潜意识里出现的都是一些"高大上"的改革措施、高新技术、创新项目等，很多时候，往往会忽视微小的创新，微创新这是一种真正意义上的创新，其对公司发展的推动作用，以及在工作中推广应用的效果不可忽视。所以，企业要鼓励员工进行"微创新"，让小投入产出"大利润"来。

利用"负激励"激发员工的内驱力

哪个员工表现好，给他们以物质或精神上的激励，是一种激发其内驱力、提升公司执行力的一种有效方法之一。但是，当员工表现不好，给他们以"负激励"也是激发员工内驱力、有效提升执行力的另一种有效方法。这里的"负激励"即指当组织成员的行为不符合组织目标或者社会需要时，对个体违背组织目标的非期望行为给予否定、制止和惩罚，使其弱化或者消失，以便个体能够积极地朝着有利于组织目标实现的方向转移、发展。它是通过对人的错误动机和错误行为进行压抑和制止，促使其改弦更张的方法。

美国哈佛大学心理学教授斯金纳认为，人的行为会因为外部环境刺激的变化而进行自我调节，也就是说刺激可以改变行为。积极的行为发生后，如果立即用物质或者精神激励来肯定这种行为，积极的行为就会得到强化而增加这种行为发生的频率；相反，消极的行为发生后，给予相当的惩罚或者取消某些喜欢的东西，消极的行为就会减少，甚至消失。而且，员工也会根据自身情况对激励因素做出不同的选择。因此，组织无论采取哪一种激励方式，都必须要充分地考虑员工的主观选择性，这样才能收到较好的激励效果。

关于负激励，我曾看到过这样一个有趣的故事：

一个国家森林公园引进了几百头健壮的驯鹿，并且给它们提供野外所没有的优越环境，希望它们能够繁殖更多的小鹿。但是，几年过去了，森林公园的管理人员发现驯鹿并没有像他们所预期的那样越来越多。相反，很多驯鹿都是没精打采，体质越来越弱，而且驯鹿的数量也减少了许多。

在征求生物学家的意见后，森林公园的管理人员引进了十几头狼，让它们和驯鹿生活在一起。这样，驯鹿为了逃避狼群的追杀，必须打起精神，时刻防备。只要看到狼群，驯鹿就会奔跑。那些体质较差、跑得慢的驯鹿自然就成了狼群的美食。经过几年的时间，在狼群的追逐下，剩下的那些驯鹿都很强健，而且数量也增加了。

这个故事曾给我极大的启发，要让你的员工的能力得到不断提升，就要时常将他们置于"危机"之中。尤其是别让员工认为自己身处"温暖的锱褓"，就像一开始的驯鹿一样，没有狼群的追杀，员工就丧失了奔跑的"激情"。对此，任正非也这样描述："我们现在有些干部、员工沾染了骄、娇二气，开始乐于享受生活，放松自我，怕苦怕累，对工作不再兢兢业业，对待遇斤斤计较。甚至，连一批创业时期打拼出来的英雄都没有了往日的激情。"

面对这样的局面，任正非极为坚决地说："不能改正的干部，可以开欢送会。全体员工都可以监督我们的队伍中是否有人懈怠了，放弃了艰苦奋斗的优良传统，尤其是对我们的高层管理者。我们要更多地寻找那些志同道合、愿意与我们一起艰苦奋斗的员工加入我们的队伍。"

曾看到一篇文章，说的是一只"只懂享受，不干活"的蜜蜂，它们靠着自己的卵的伪装功能，混在其他蜂种的卵中，从不会被发现。它们整天不去干活，只会吃现成的蜂蜜。凭着这样的

"本领"，它们让其他工蜂傻乎乎地伺候。等到几个月以后，这种蜜蜂的后代就能够发展到原来的数倍，而整个巢也将要崩溃了。这时，它们就会全身而退，去寻找下一个目标。

很多时候，懒惰和落后就像慢性的传染病一样，不控制就会扩散、繁殖。如果公司容忍懒惰的员工，尤其是管理人员，整个组织的积极性就会大大地被挫伤，整个团队的士气就会低落。所以，身为管理者，要提升整个组织的执行力，就要在内部营造一种积极向上的文化氛围，同时引进一种良性的、适合公司发展的竞争机制，让员工明白：他们所面临的不仅仅是外部的竞争，还有内部的竞争。这是通过"负激励"，将竞争的观念植入到每个员工的脑海中，能够有效地防止组织内部的懒惰化，并将他们打造成一支能够长期冲锋陷阵的职业化"铁军"。

用"强者"气质，打造铁血团队

身为领导，你是否觉得自己的团队总是暮气沉沉，队员身上都缺乏一种朝气蓬勃的精神面貌？你是否觉得自己的团队缺乏创新力和市场竞争力？你是否觉得自己和下属的自信心都在一点点地流失，团队"战斗力"也在逐渐地变弱？

其实，团队出现上述问题，主要是因为团队内部缺乏一种"强者"的气质。

拥有"强者"气质的团队总是表现出一种朝气蓬勃的面貌。一个团队需要青年人的冲劲，中年人的稳健，老年人的经验，但是在精神状态上只需要朝气。暮气沉沉的团队是没有创新力和市场竞争力的。朝气蓬勃代表着不迷信权威，勇于进取，敢于探索，永不放弃，敢于突破。朝气蓬勃也代表着事事追求完美，拒绝平庸，拒绝得过且过。朝气蓬勃也代表着目光远大，着眼未来，潜力十足。可以说，一支拥有"强者"气质的团队是战无不胜的。而一个团队"强者"气质的缺乏主要是领导者造成的。

不可否认，与人一样，每个团队都有属于自己的独特精神气质，而且这种气质一旦形成，便在短时间内不会轻易改变。就像谈及巴西足球队，人们第一个想到的词便是"激情"，后来欧洲许多踢球的巴西运动员进入国家队后，又增添了严谨、硬朗的元素，新的主教练也会将自己的思想与气质注入这支团队，但无论怎样，激情四射的进攻足球还是巴西队的主流，几十年来，它已经成为巴西队的精神文化符号，让巴西队赢得了一场又一场的胜利。

团队气质的形成受多方面因素的影响。两个不同的团队就有两种不同的气质，团队成员的学历结构、年龄结构、性别比例等对团队的气质的形成有直接的影响。但是对团队气质影响最大的还是团队创始人，包括核心成员的性格影响。正所谓"兵熊熊一个，将熊熊一窝"，《亮剑》中李云龙就是用他那种"明知不敌，也要敢于亮剑"的"强者"心态把一支打了败仗抬不起头的团队最终变成了"野狼团"。一个敢于"亮剑"的强者能使对手生畏，让自己的队员充满信心。一个具有强者心态的领导能带领一个团队无所畏惧，勇往直前，创造出一个个的传奇。

所以说，如果你觉得自己的团队总是暮气沉沉，缺乏朝气蓬勃的精神状态，那就先从自身找原因吧，扪心自问：我自己是一个朝气蓬勃的、富有激情的"强者"气质领导者吗？

俗话说，不想当将军的战士就不是好士兵。那些缺乏"强者"气质的管理者，就注定不能带领团队取得成功。因此，管理者要从自己当上"王"的那一天起树立"永做第一，不抛弃，不放弃"的强者心态和强烈欲望，这种积极的心态和精神状态可以促使自己带领全体员工去努力奋斗，并最终成为真正的强者。

其实，古今中外，那些成功的团队管理者，都是怀揣着一颗积极主动的心去做好每一件事情，并将自己的"强者"心态融入团队中，形成一种强大的精神气质，引领和打造了一支支铁血的团队。

团队领导要想使自己的企业在强手如林的市场中站稳脚跟就必须要具有"永做第一，不抛弃，不放弃"的精神气质，然后带领自己的团队不断向行业的第一位置迈进。对于那些发展中的企业，管理者要敢于与比自己更为强大的对手相比肩，永远找比自己更强大的对手，这样才能使企业在发展的道路上越走越远。

让员工守着"梦想板"，不断激发团队"斗志"

《孙子兵法·谋攻篇》曰："上下同欲者胜。"《黄石公三略·上略》说："与众同好靡不成，与众同恶靡不倾。"这些讲的都是上下一心，势必士气旺盛，众志成城，打仗时个人奋力向前，军队就会攻无不克，战无不胜。这种"上下同欲"的原则，同样也适用于激励团队队员。

身为管理者，要让你的团队出现"上下同欲"的局面，一个最为直接且行之有效的方法便是将员工的"目标可视化"。也就是说，管理者要将员工在企业中要实现的个人目标转化为他们的梦想，让这个"梦想"去激发他们的斗志，从而从根本上提升整个团队的"战斗力"。

其实，在团队中，每个队员都或多或少有所期望，但是这种期望并没有形成一种驱动力，就如同每个人都希望拥有漂亮的房子却没有设计蓝图一样。因此，成功的管理者就要发掘员工的期望，并将他们的期望变成具体的可实施的目标，并给员工设计"梦想板"，而一旦这个具体的目标或理想生动且鲜明地被体现出来，员工就会在思想上产生一种共鸣，就会毫不犹豫地追随你。形象地说，管理者利用明确而具体的"目标"或"梦想"激励员工，就是充当一个"建筑师"的角色，"建筑师"把自己的想法具体地表现在蓝图上，让"建筑"的形象生动鲜明地体现出来，以此激发员工为之努力工作。

要想成功地运用"可视化目标"激发员工斗志，管理者需要注意的一点就是能够将员工所期待的"未来"涂上鲜艳的色彩，同时，也要对实现目标的过程进行规划。在实施激励的过程中，应该避免只是空谈目标而在日常工作中将其弃之一边的情形发生。若要把团队目标真正地建立起来，也将把崇高远大的理想传达到员工那里，管理者再通过行之有效的沟通，让每个员工都明白自己所做的工作，这对于实现团队的宏伟目标极为重要。从而引发员工的责任感和主动意识，进而打造一种时刻充满强大"战斗力"的精英团队。

美国大陆航空公司为了彻底改变昔日因航班误点而每月损失高达500万美元的经营窘境，管理者戈登·贝休恩便抛出了"重奖按时着陆"的激励举措，即"如果每个月的按时率均达到国内同行的前五名，公司将给每位员工加薪65美元，以资鼓励"。

正是在这一看得见、摸得着的目标激励下，全体员工才心往一处想、劲儿往一处使，终于在短短的两个月内，使航班着陆按时率多年来首次达到同行业的第四名。戈登·贝休恩爽快地践行了自己的诺言，拿出260万美元给每位员工加薪65美元，并发表了热情洋溢的即席演讲——"表面上看，我们为员工加薪花去了260万美元，但相对于月均耗费500万美元来说，我们却节省了无效开支240万美元。也就是说，我们通过花钱来省钱，最终达到了获利的目的。在此，我再次重申一下我们的'目标激励原则'：达到目标者，可'品尝'奖励；未达到目标者，必'吞咽'罚款。只有这样奖罚严明，才能使勤奋者更勤奋，使懒惰者变勤奋。"

戈登·贝休恩运用这一看得见、摸得着的目标，激发了员工的工作热情，最终实现了整个团队的目标，可谓充满了管理的智慧。

身为管理者，给员工设计可视化"梦想"或"目标"时，应该注意以下几点：

1. 管理者该是一个有魅力的人

一个缺乏魅力的管理者，因为总是担心目标不能实现，所以也很难展示出令员工心动的愿景来。下属对这样的管理者不会抱有什么信心。工作场所像片沙漠，大家哪有高昂的斗志，如此情况下，就算是微不足道的目标也难以实现。

2. 保证"梦想"或"目标"要有明确和具体的实施步骤

如果仅有伟大的愿景，没有具体和明确地规划出实施过程，也会让大家失去信心。所以，规划愿景的同时，还必须要规划出实施愿景的过程。这是一个必需的过程。

3. 团队队员的目标要接近现实

也就是说,给每个队员制定目标时,目标不要太大,不切实际,要有通过努力有实现的极大可能性,如此才能激发起员工的兴趣。同时,目标也不能太小,让员工觉得没有意义。

总之,管理者塑造一个可视化目标,是激发团队成员工作积极性的最直接且行之有效的方法之一,也是激发团队强大"战斗力"的一个有效的方法。

做"水泥",把优秀人才黏合起来

优秀人才通常都会流向实力雄厚、规模较大的知名企业,人才扎堆现象屡见不鲜,那么对于创立之初的中小企业而言,究竟该依赖什么手段吸引人才和聚拢人才呢?众所周知,凝聚人才是企业发展的重中之重,但是如果企业不具备吸引人才的实力,该怎么办呢?答案是依赖领导者的领导力。

我们可以看到很多公司因为领导得力而振兴,也有无数的公司因为领导不力而衰败、破产,从某种意义上说,领导力就是生产力。具有卓越领导力的人,天然散发着无可抗拒的领袖魅力,能使不同身份、不同行业背景、性格迥异的人才归于自己的旗下,为了共同的目标而释放出自己全部的热量,促使企业由弱变强,不断发展壮大,直至缔造出一个商业奇迹。

领导力有多大,企业的发展就会有多大,对于一个领导者而言,想要招募到企业所需的人才,不能仅仅依靠财富,还要倚赖梦想等其他因素。那么作为领导者该如何凭借自己的领导力把优秀人才聚合起来呢？

1. 领导者必须是一个出色的造梦大师，能为人才勾画企业未来愿景

领导者要有造梦的能力，让优秀员工看到企业美好的愿景，激起他们对梦想的渴望，从而吸引他们加盟自己的团队，为了企业更加辉煌的明天而奉献自己的热血和才华。领导者要把公司的愿景深植于优秀人才的心中，让他们为了把愿景变成现实而团结奋斗，这时领导者就要担纲水泥的角色，将公司里的精英人物黏合起来，共筑理想王国。

2. 领导者必须有激情，并用激情感染人才

人才拥有激情才能让自己熊熊燃烧，哥伦布能完成航海壮举，靠的便是探索未知疆域的热血激情，激情鼓舞着他和水手们战胜了无数的挑战。领导者要建设一支卓越的精英团队，必须得燃起优秀人才内心的火焰，让他们对工作充满激情，而这一切的前提领导者自己必须是一个激情昂扬、活力四射的人物，没有激情的领导者成为不了出色的领导者。领导者激情饱满时，浑身上下就能散发出一种灼热的光芒，优秀员工被这种激情的光芒所打动，会自愿并肩与之奋斗。因此有激情的领导者更容易使各色人才团结在自己周围，热血激昂地开创大业。

3. 领导者必须有鲜明的性格和人格魅力

像白开水一样，没有性格，没有人格魅力，那么所有的关键特质都是零。领导者的个性决定他的领导风格，其人格特质和个人品质在领导力方面发挥着非常重要的作用。乔布斯为什么能为苹果公司聚拢那么多技术奇才，拿破仑又凭借什么让百万士兵为

自己誓死效力？我们不难发现的一个事实便是，他们都是个性鲜明、富有人格魅力的人。团队领导者聚合人才，必须依赖自己的人格魅力，人才最初可能对公司没有太大兴趣，但是如果对领导者佩服得五体投地，自然极有可能产生加盟公司的热望，因此人格魅力也是领导者聚拢人才不可或缺的黏合剂。

不断优化管理模式，是提升执行力的保证

任正非说过：未来企业的竞争，靠的不是人才、技术，而是管理。当然，要提升一个公司的执行力，就要靠管理。当然，作为一个创业式的中小型公司，公司的管理也是一个由粗放式到精细化的一个过程，要提升整体的执行力，每个发展阶段都有自己的方式。

在公司刚成立不久时，内部的管理尚未成熟和稳定，公司对管理层干部的任用十分地随意，部门员工该做什么，怎么去做，一般都由部门负责人说了算，公司内部还未形成一个选拔高层干部的有效机制和公司制度。尽管这个时候，公司的业务量在不断地扩大，发展势头呈现出良好的趋势，但此时的我非常清楚地知道：公司业务量越大，发展得越顺利，越不能忽视管理上的问题。正如任正非所说的那样："我们没有人家雄厚的基础，如果我们再没有良好的管理，那等公司有一天因为管理的疏漏而崩溃后，将会一无所有，再也无法复活。"

在做公司之前，我不懂管理，更没有任何管理经验。但是我知道管理对于公司发展的重要性，在任何时候，我必须绷紧管理

这根弦。

我记得在 1998 年，任正非在"狭路相逢勇者胜"的文章中说出了自己对华为组织的担忧："……虽然有了巨大的进步，无论从计划管理、品质控制、流程操作……都开始使产品质量具有国际竞争性，但是稚气还荡漾在管理者的脸上。很快我们将搬进龙岗生产基地，每天将出厂 5000 万元以上的产品，我们的组织建设是否适应了，管理流程是否适应了，人的责任心是否提高了……先进的武器，并不代表战斗力，战斗力来自管理。"这段又一次提醒我：在任何时候，都不能放松管理。在未来，公司若想要战胜竞争对手，凭的不是人才、技术和资金，而是管理。没有好的管理，或者说，没有跟得上公司发展步伐的先进的管理模式，人才、技术和资金就难以形成力量，公司在弱肉强食的市场竞争中也难以获得一线生机。

在公司成立之初，内部组织结构单一，人员有限，我采取的是"三高"式的管理模式，即高效率、高工资和高强度。也就是说，无论你是什么人，在什么样的岗位上，必须要出业绩。这种粗放式的管理模式，逼迫着跟着我创业的那些人不屈不挠，奋不顾身地进取。当时我的理念很简单：用高工资去驱动员工的能动性，进而促使公司在异常残酷的市场竞争中生存下去。事实证明，这种管理模式为公司赢得了不错的发展势头。但是，随着公司人数的不断增加，这种模式使得公司的人员成本、管理成本不断攀升，在同行业中毫无竞争力。

于是，我改变了管理模式，重新建立了职位体系、薪酬体系、任职资格体系、绩效管理体系以及员工素质模型，并且在此基础上，我又根据公司的实际情况，制订了对员工的任用、培养、职业定位原则和对管理层的选拔、培养、任用和考核原则。

几个月后的业绩证明，我采用的这种管理模式，能够让公司的人才、技术和资金形成一种合力，致使执行力有了明显的提升，无论是从产品设计水平，还是生产质量与售后服务都表现出了良好的发展势头。

如今，公司在不断地发展，我也在不断地探索更为先进的管理模式，以通过不断优化组织的方式，从根本上提升公司的执行力。

实际上，在组织建设和管理优化中，你想要提升执行力，需要做好以下几点：

（1）致力于在人员理念、组织结构、产品需求、资源利用、工作机制五个方面形成有效的管理模式。

（2）以业务需求为导向，简化管理，优化产品质量和客户服务质量，并形成不依赖于个人的管理体系。

（3）让企业管理系统保持一定的成长性，能够迅速适应不断变化的业务需求。

强化绩效承诺制：提前往管理层要承诺

在管理中极容易被我们忽视的一点是，没有提前要求管理层负起责任，做出承诺。在平时工作中，通常的情况是"上面布置下来的任务"，往往难以得到好的执行和完成。我意识到这一点，源于无意间读到的一个历史故事。

春秋战国时期，有一个叫李离的晋国狱官。有一次，在审理一宗案子时，听信了下属的一面之词，误杀了好人，造成了一门冤案。等到真相大白了，李离感觉自己对不起死者的家属，准备以死赎罪。

晋文公听后，觉得李离是一个颇有责任感的可造之才，于是对他说："官职有大小之分，惩罚也有轻重之别。这件冤案之所以酿成，都是你手下人的缘故，你又何苦要以死赎罪呢？"李离说："这个官平时都是我一个人在做，又不是跟我的下属一起做，我拿到的俸禄没有跟他们一起分享。如果这个时候出错了，就把责任推给下面这些人，我怎么能对得起自己的良心？"就这样，李离拒绝了晋文公的劝说，伏剑而亡。

在李离的眼里，作为"干部"，就要勇于承担起全部的责任，不能在危难面前将责任推脱给别人。对此，我想如果我们内部的管理层也能像李离那样，主动担负起责任来，对自己的所作所为勇于担当，那么整个团队的战斗力一定会很强。

接下来，我决定对公司的管理层进行整顿，在管理层中实施绩效承诺制。我告诉他们，身为公司的中层管理者，拥有权力的同时，也应该肩负起该有的责任。管理者不能总想着舒舒服服地坐在空调房里，把所有的工作丢给下属，也不是在问题来了的时候，习惯于请示上级，明明有章可循、可以顺利解决的问题，还要到领导那里过问一下，这样，办事效率就低了许多。

决定对管理层实施绩效承诺制，还源于另一件事情。

在前几年，我公司的技术部成员小刘和同事们通过市场调研，觉得开发视频产品的市场很大，于是就向直接上级提交了一份十分详细的项目报告，但是直接领导却没有批复。原因是上级领导觉得，项目成功了固然是好，自己也会是第一功臣，可是一且项目失败,自己就很有可能会丢乌纱帽,这些年来努力就付之东流了。之后,小刘又先后几次提交了产品计划,都因其上级不敢承担责任而搁浅了,最后小刘愤然离开公司,创办了自己的公司,而且还凭借着这个未被领导认可的项目,让他刚成立的小公司获得了很大的利润。最后,当我知道这件事情后,果断辞退了小刘当时的直接上级领导。

这件事情对我的触动很大,一个中层管理者因为不敢承担责任,给公司带去了诸多的间接损失。为了避免此类情况的再次发生,我开始在公司内部实行干部绩效承诺制,要求所有中层管理者在上任之初都要签订个人绩效承诺书,督促中层管理者一定要有"言必行,行必果"的责任心,主动承担责任。然后,公司在每年年初时会根据上年实际完成的各项指标(比如虚拟利润、人均销售收入、客户满意度、销售订货、销售发货、销售收入、销售净利润等)制订新一年的工作指标,个人根据公司指标的分配情况,对自己负责的部门立计划完成的指标"军令状"。承诺内容根据目标的高低,分为持平、达标、挑战三个等级,到年末的时候,公司会根据该名干部目标的完成情况对其进行评估。

自这项管理制度实施以来,绩效承诺书便成了考核公司中层管理者的主要依据,评估结果将直接影响该干部的任用。如果评估结果和此前立下的"军令状"的等级相差甚远,那么该干部就有可能会被免职。如此一来,公司将会不断地淘汰那些业务能力差的管理者,留下那些精英管理层。时间一久,整个公司便会充满活力,使每个团队都充满战斗力。

管理层的绩效承诺制的推行很大程度上激励了公司内部人

员，尤其是让更多的管理者主动承担起自己的责任，身先士卒。自此，公司的执行力得到了极大的提升。

　　强化公司管理层的绩效承诺制，让他们对工作负责到底，既能够给他们适当的压力，全力以赴将工作做好，也能在一定程度上强化他们的工作能力，久而久之，更能优化公司的管理队伍。对此，我坚信，只有这种严格的考核，才能保证公司制度化用人战略的实施，为打造高执行力的团队提供制度保障。

第五章

规矩是效益的重要保证：
让制度成为最大的"老板"

任何一个公司都需要有制度做保障。关于此，任正非曾说："优越的业绩源于优越的制度。"一个好的公司必须要有一流的制度做保障，这样员工才能在科学合理的规范下工作，使各项工作有章可循，从而提高管理效率与质量，形成一个良好的公司文化。

在现代化的公司里，规矩、秩序、制度的重要性不言而喻，当一个团队缺少规章、制度或办事流程时，公司员工便很容易陷入混乱，这是极为糟糕的事情。要想让公司完成从人治到"法治"的转变，首先要制定完善合理的制度，其次还要让制度产生威慑力，让大家严格地执行制度。只有这样，你的公司才会在硬性制度的规范下，稳定有序、高效率地运营。

多几个管理人员，不如有一套好的制度

任何一个好的公司都有一个套好的制度做保障。正如一位伟人所说："制度好可以使坏人无法任意横行，制度不好可以使好人无法做好事，甚至走向反面。"用制度来管理公司，来解决问题，是一项比"人治"更为重要的管理之策，是一项更具稳定性、长期性和根本性的管理之道。

许多公司在创立之初，因为创始人的能力与个人魅力出众，即使没有好的、规范的公司制度，也能带领公司走向某一发展的高度。然而，随着公司业务或规模的扩大，如果公司缺乏规范的制度，那么公司很容易陷入混乱或无序的状态，导致人力成本的飙升。即使你多聘请几个能力出众的中层管理帮你打理，如果没有一套好的管理制度，也难以将公司经营和管理好。

相比之下，有些公司在创办之后，有一套好的管理制度，所有的一切都按制度来，即便公司经历了接班人或管理层更替，经历了各样的动荡，只要按照这套制度去管理，并且随着公司的发展，不断地完善制度，也能一步步地发展壮大。所以说，一套好的制度，比多几个管理者更有效，好的制度才是真正好的经营者和管理者。

17—18世纪，英国的船只经常押送犯人到澳洲，当时私营船主是按上船的人数收钱的。因为每艘船运送的犯人数量过多，船上生存环境极为恶劣，加之船主为了多赚钱，克扣犯人的食物，导致很多犯人因饥饿、患病在中途中死去。更为残忍的是，有些船主还会虐待、毒打犯人，甚至干脆将犯人扔进大海中。

后来英国政府制定了一项新的规定：按活着到达澳洲的犯人数付钱给私营的船主。这一下，船主们马上绞尽脑汁，千方百计地让犯人活着到达目的地。从那之后，犯人中途死亡率大大地降低，最低死亡率仅有1％，而原来的死亡率竟然高达94％。可见，不好的制度会把"活人"变成"死人"，而好的制度能把"死人"变成"活人"。

有一家降落伞制造厂，其产品的不合格率一直高居2％，公司换了好几任总经理，也无法降低产品的不合格率。后来，一位新上任的总经理颁布了一道命令：从今天开始，全体员工立即停止工作，从管理者到普通员工，全体赶赴跳伞训练场，使用我们厂生产的降落伞接受跳伞训练。此外，公司进一步规定：从今以后，但凡我们生产的降落伞，在出厂之前，都要抽样由工人轮流试跳。这项规定一经颁布，该厂降落伞的不合格率马上降为零。

可见，不好的制度会使公司遭遇发展瓶颈，走向山穷水尽的地步，好的制度可以使公司迎来柳暗花明，走向充满希望的春天。"把坏人变好人"的制度能够造就伟大的公司，而一个腐朽没落的制度则只会把聪明人变笨、将勤劳的人变得懒惰。

制度越复杂，越意味着管理失控

在现实管理中，有些管理者为了加强管理，提升执行力，为公司制订了极为严苛、复杂的管理制度。对此，一位资深的企业咨询顾问说："制度越复杂，越意味着管理失控。同时，那些大树上细小的枝干就是企业当中的复杂,也是利润的主要'侵蚀者'。"这告诉我们,"复杂"是吞噬企业利润的"魔鬼",当然,这其中也包括管理制度的复杂。

管理学大师迈克尔·波特指出:"经理人爱将能简化的管理制度搞复杂"——因为复杂的制度可以让经理人看上去更专业,更重要,可以使经理人向经营者证明对自己高额成本投入的合理性,可以为办事拖延找到借口,可以为了逃避责任提供理由。可是,对企业而言,很多复杂的管理制度使企业变得僵化,使富有活力的员工变得死板,使流程变得复杂,使沟通变得低效,使产品变得缺少人性化。可以说,复杂的制度也已经成为断送企业命运与前途的祸根。

某保险集团公司,自2014年以来内部人员流失极为严重,先是公司一个业绩极好的销售团队离开,随后公司的团队合伙人走了5个,直属单位总部部门级管理人员又走了12个之多。

除了重要部门和重要岗位人员流失严重外,一些企业基层的技术骨干、核心员工流失也十分地严重。后来,这位公司的领导人通过调查发现,人员流失最主要是因为制度僵化。因为该企业实行的还是十年前的制度措施。就拿分配制度来讲,在十年前,公司创立者为了激励同自己一同创业的"功臣",采用的是平均主义的分配制度,但是,如今公司做大后,这种平均主义的分配制度已经难以吸引到人才,就是暂时吸引到的人才,最终也会因为吃"大锅饭"的僵硬体制而辞职离开。另外是该公司上升空间有限,论资排辈严重。该公司中的重要管理人员,都是当初与创业者一起创业、打江山的人,新来的人才根本挤不到管理层去,就算能力强,也只能拿到少量的提成,想要做企业的合伙人,难上加难。同时，公司中的升迁通道狭窄且受束缚较多，导致骨干员工难以施展开手脚。企业中的一些人虽然评上了销售能手，在产品开发领域评上了技能专家和技术专家，但因为缺乏管理层的支持，他们想在企业内部搞技改、做一些项目等，始终实施不了。

可以试想，在这种制度僵化、死板的企业中工作，员工的创造力极难得到展现，更别说去施展自己的抱负和理想了，这样的公司对人才毫无吸引力。对此，每个管理者都应该回想一下，自己的公司里是否有过时、僵化的制度，让员工的能力或想法无法得到施展，使生产流程变得僵化、变得低效呢？要知道，企业要保持活力和高效，富有创造力，必须要有与时俱进的制度做保障。否则，企业就有可能被制度所拖垮。当然了，管理者要使企业保持创新的活力，除了与时俱进地不断地废除旧有的制度，积极改进和实施适应现代市场化和有利于企业发展的制度外，还需要注意以下两个方面：

1. 制度要有利于激发公司的创新活力

实施管理的目的是为了创造效益，而企业的效益主要源于"创新"，所以，企业的制度要为激发企业的创新活力提供有力的保障。即让每个员工都能找到创业的活力，让每个员工虚拟创业，坚决打破流程和部门的约束，建立更多的跨部门团队和创业小组，用生态和投资的理念管理每个部门和每个团队，让每个团队焕发活力，在活力中找到创新的亮点，让这些创新去突破持续性创新的制约，实现破坏性创新。

当然，企业的创新不是通过制度强制地规划出来的，更不是市场部门依市场需求调查出来的，而是通过员工的活力迸发出来的。这就对制度提出了这样的要求：每个员工都要被激励到，最大限度地让他们内在潜力得到爆发，使员工不是为了工作去创新，而是为了兴趣和快乐去创新，这些员工将成为产品经理、项目经理、方案经理，这些员工将成为公司发展的中坚力量，管理者的使命不是管理他们，而是为他们搭台唱戏，请他们思考和表演，管理者成为他们的服务员。

2. 制度要为每个员工实现价值提供保障

什么是管理，管理就是资源投入实现价值转化的过程，活力和创新的目的最终要回归价值，这个价值就是客户价值，每个企业在实现客户价值的同时，也要实现企业价值和员工价值，最终让这十六个字实现戴明循环。

关注价值的同时要撇开简单的财务提升，当你看到利润增加和收入提高时，请你不要太早高兴，请思考这些财务指标的提高是否是以客户价值实现为前提？如果你只是营销手段越来越好而提高收入，但是客户正在流失；如果你只是由于产品价格越来越高而收入提高，但是客户正在流失，这些价值都是假价值。利用制度为每个员工实现自身价值提供保障，进而为企业创造真价值，这两者是相互承接的。记住，一切的管理都要忘记概念，回归本质。

制度设置要抓重点，要简洁、明确

现实中，不少公司的制度文本拿出来一大叠，厚得像一本书，翻开内文，细细一看，里面啰嗦的内容一大堆。原本一句话可以说清楚的内容，硬生生地扩展成一段话，好像写得"丰满"也就意味着制度完善一样，好像上面的字越多，反映的问题就越是全面一样。

其实，真正好的制度，并不是越复杂、条款越多越好，而是针对一定的问题，将该考虑的方面考虑到，避免有些员工钻了制度的空子。与此同时，制度的表述应该简洁、言简意赅，让大家看得明白，容易执行。

说到容易执行，我们就不得不提及制度的另一个极端，那就是过于简单，过于模糊和笼统，没有具体的执行标准。举个简单的例子：

某公司员工上班迟到现象屡见不鲜，有时候甚至过了9点，只有两三个员工准时坐在电脑前办公，多数员工没到公司。十分钟之后，那些迟到的员工手里提着早餐，三三两两、陆陆续续地来到公司，然后他们会打开电脑，聊着天，吃着早餐，看着新闻，这么一折腾，时间差不多到了10点钟，原本3个小时的上班时间，仅剩下2个小时了。

有几次，公司领导来到公司，发现很多员工都没有来，于是意识到要解决这个问题。一天，他开会宣布："大家注意了，为了提高工作效率，以后上班都不要再迟到了。"这么一句话管用吗？当然不管用，这句话说出来等于没说。因为这项规定没有监管的负责人，没有任何的惩罚措施。

果然，那些习惯了迟到的员工，除了在会议的第二天做了做样子早到之外，过后又与往常一样了，他们继续发扬着上班迟到的"工作作风"……

领导者针对具体的问题：员工上班迟到频繁的现象，做了一个规定："上班之后不要迟到了"。这个规定虽然抓住了迟到的问题，但却没有提出具体、明确的要求和处理措施，也没有指点具体的监管人，因此，这项规定流于形式，如风中的一团烟雾一般很快就烟消云散了。如果该规定明确指出，上班以后迟到多少分钟要扣多少钱；考勤制度由谁来具体负责监督实施等，那么效果就会大不一样了。

现实中，公司在的制定制度的时候，发生这种舍本逐末、表述烦冗或过于笼统、不够明确的现象是非常普遍的。制度的出台，是为了让公司全体成员执行，如果制度条文太过累赘，就会削弱制度的威信。比如，有一家纺织厂的《安全守则》中，有这样一条："公司厂区内不得燃放可燃性或容易导致燃烧的器具。"这句话不够简明，不易被人理解，其实这句话的意思：厂区之内，严禁烟火。

管理不到位的制度，等于无制度

摩根士丹利董事长兼 CEO 普赛尔说："所谓的企业管理，就是解决一连串关系密切的问题，必须树立健全的规章制度，以便系统地予以解决，否则必将造成损失。"制度是一只隐形的手，潜于企业整个运行体系中，左右着企业的走向。企业在市场竞争中处于优势或劣势，很大程度上取决于这只隐形的手。

制度完善的企业，各项事务才能够井井有条地进行，决策才能够更加准确地明确，对市场的适应能力才能更强。反之，不到位的制度对于企业来说就等于无制度。而没有制度的企业就如同一盘散沙，风一吹便四散天涯，发展壮大将无从谈起。

　　企业要想发展壮大，必须不断地完善自身的制度，将公司的管理推向正规化轨道。完善的制度是企业赖以生存的基础，是企业在市场竞争中获胜的保证，为企业的发展壮大提供源源不断的动力。完善自身制度对于企业来说，不是"要不要"的问题，而是"一定要"的问题。

　　不到位的制度将企业推向倒闭的深渊，而内部的自我完善能将企业从泥潭中拉出。"洁尔阴"的畅销正是得益于企业制度的自我完善。"洁尔阴"的生产厂家恩威公司是一家从事中草药加工和生产的私营公司。在公司发展初期，公司毫无完善的制度，对于产品的生产、质检、销售、售后等事宜的管理极其不规范。

　　管理的不严密让投机分子钻了空子，市场上诸多假冒的"洁尔阴"洗液挤走了产品的许多份额。当时的镇江、扬州、云南、四川、湖南等多个省、市的销售点，都发现了假冒"洁尔阴"。多家报刊闻风而来，争相报道此事。事情恶化到了极点，恩威公司上上下下都愁成一片。公司总裁决定从内部整顿入手，令外界的不良影响不攻自破。他在公司展开全面的整顿，重新制订了极为严格的责任制度、管理制度，这些制度的完善让公司的面貌大为改观，产品的质量也明显上升。"洁尔阴"洗液成功地通过了成都市药检的抽查，重新获得销售商和消费者的信任。并且，因为防伪技术过硬，市场上的假冒产品便也无了立足之地。不久，"洁尔阴"就成为畅销全国的保健品牌。

　　恩威公司的老总，成功地对公司的制度进行了调整，让公司从制度不到位的泥潭中走出，以全新的面貌参与市场竞争。事实证明，唯有适时地完善制度，并运用好制度这一"武器"，企业也才能够发展壮大,能够提升市场竞争力。

管理者要灵活掌握制度的"弹性"

一提及管理,人们就会想到"赏罚";提及利益,就认为不过是制定出一套严密的规章制度,然后再一丝不苟地执行就是了,这就是"以不变应万变"的管理方式。

在一般情况下,这种方式当然无可指责,但这种方式并不是包医百病的灵丹妙药。制度是死的,人是活的,规章可以不变,但情况却不断变化,这就需要管理者灵活地掌握制度的"弹性"。

在执行规章制度时切不可墨守成规、囿于定法,要善于灵活地运用各种原则,善于创造性地运用各种方式与艺术。因为自古以来就是法由人定,凡事变则通,不变则困。古代兵法云:"凡战者,以正合,以奇胜……声不过五,五声之变,不可胜听也。色不过五,五色之变,不可胜观也。味不过五,五味之变,不可胜尝也。战势不过奇正,奇正之变,不可胜穷也。奇正还相生,如环之无端,熟能穷之。"讲的是,管理的基本方式不过数种,但却相辅相成,变化万端。身为管理者都应该灵活变通,当用则用,当变则变,或因时而用,或因事而变。

刘东是一家公司的货物配送部的主管,一天,公司接到客户一个紧急订单,要求配送部加紧包装一批货物,第二天发运。可是偏偏不巧,下午有一场精彩的足球比赛,配送部的小伙子们一个个地急得像热锅上的蚂蚁,几十对眼睛可怜兮兮地望着刘东,从眼睛就可以看出他们心里想的只有一件事:请假回家看比赛。

若是巧妙推理，结果无非两个：第一个是悬以重赏，发三倍工资的奖金，于是"重赏之下，必有勇夫"，大家一致决定留下，心情舒畅地顺利地完成任务；第二是采取重罚，下午一律不准请假，不下班以旷工论处，扣掉当月奖金，于是"重罚之下，人必畏之"，大家谁不敢随意旷工，万念俱灰，任务也可以完成。

可是刘东这两种方法却偏偏都不用，他出去转了一圈，回来时手里握着一叠足球门票，宣布："下午派专车请大家去看球，晚上全体加班。"于是欢声雷动，结果自不待言。

承蒙刘东的一番苦心，小伙子们就是晚上通宵赶工，也要努力把任务完成。刘东显然精通心理学，也很是了解其下属：这帮球迷，无论是重赏或者重罚，都挡不住他们，不要说奖金，就连放弃半个月的工资他们也是心甘情愿的。面对困境，采取顺应人心而灵活的弹性措施，既维护了人的尊严，同时又消除了冲突，保证了上下级之间关系的和谐。

很多时候，制度是死板的、冷酷的，要想保持公司内部上下级关系的和谐，管理者就懂得灵活地变通制度，在不违反原则的情况下，也让管理充满人情味。这样才能让员工在较为和谐的氛围中工作。

在北京某公司的管理者杨洋也是一位"弹性管理者"。他上任后，改变了经营策略，允许员工将东西带回家自己装配。不管是本厂的员工还是家属亲朋，只要产品达到品质规定的标准，一律按件取酬。于是工人节省了上下班的时间，可以在家适当地照顾家务。工人们欢迎这种方式，他们的劳动积极性得到了大大的提高，工厂的劳动生产率和产品产量也成倍地增加。

企业都有铁一般的规章制度，哪怕企业有严酷的赏罚制度，也难以解决问题。如果固执地"以不变应万变"就难以行得通了，只能以"万变应不变"。这个"不变"就是企业的目标。"不变"这个目标，是企业和个人利益的相统一。只要有利于企业发展，兼顾了员工的利益，方法不妨灵活点，留点弹性。

俗话说，制度无情人有情。一方面管理者要严格按制度办事，另一方面要将执行制度和思想工作结合起来，同时还要把执行制度和解决员工的实际问题相结合。总而言之，管理者的方法是多种多样的，只有善于从实际出发，把握好时机，灵活运用具体的方法，才能获得最佳的效果。

"柔性管理"是人本管理的核心

所谓的柔性管理，是指以"人性化"为标志，对员工进行人格化管理的管理模式。柔性化管理是相对于"刚性管理"而提出来的。刚性管理是以规章制度为中心，用制度来约束员工，而柔性管理是以人为中心，从内心深处来激发每个员工的内在潜力、主动性和创造性，使员工心情舒畅、不遗余力地为企业贡献出力量来。

今年40岁的张女士是一家外资贸易公司常务副总经理，在上司的印象中，她做事干练、果敢、刚毅，具有男人一般的气概。但是在下属的眼中，她却是个文静、贤淑，说话细声细气的优雅女上司。如果你是她手下的一名普遍职员，没人会相信她就是这个诺大公司的副总，原因就在于，她对下属总是流露出一种和气，但却又不失原则的强硬。这便是柔性管理。

一次，她的属下因为一些细节上的失误，得罪了一个客户，使公司遭受了损失。张女士将下属叫到她跟前，问道："你知道仅因为你的一处小小的失误，给公司造成了多大的损失吗？"下属低着头，十分羞愧地回答道："嗯，知道的，大概有 500 万元！"

"那这件事情是不是该你负责任？"张女士的声音轻柔但有力量，表达毫不咄咄逼人，但又直奔主题。接着，她又说道："损失已经造成，批评你再严厉，也无法弥补这些损失。你还是同你的团队成员商讨一下，尽量将损失减到最小吧。晚上之前给我一个解决方案，好吗？"这位下属已经从张女士的话语中感受到了心理压力，但又对她的充满柔性的话充满感激。

"好的！谢谢张总的理解。晚上之前我一定把方案发给你，尽量让公司将损失降到最低。"说罢，便两眼泪汪汪地去干活了。

实际上，按照公司的规章制度，这位下属在业务上犯了极为严重的问题。如果是一般的管理者，一定会因为着急而提高音量，并用带有严厉的训斥的态度将下属大骂一顿，然后用强硬的方法，依制度办事，让对方卷铺盖走人。可张女士却没有那么做，在整个沟通过程中，她的言行举止，处处流露着女性特有的细腻，却又不失果断和严肃。整个对话的过程中，她语气平静、轻柔，但这平静中透着力量，轻柔中透着果断。这让下属在感受到心理压力的同时，对她的柔性管理心存感激，自然会感恩戴德地以努力工作来回报她对自己的特殊"关爱"。

很多时候，公司的制度是强硬的，缺乏人情味的，而管理的本质就是要充分调动员工的工作潜能，激发他们的积极性，而这是制度所无法达到的目的，这就需要管理者在不失原则的情况下，采用柔性管理，挖掘出员工的最大价值来。

有相关机构曾对刚性管理进行了深入的调查，指出，面对冷酷无情的制度管理，员工必然会进行反抗，比如，限制产量、直接对抗，或通过工会展开斗争等，尽量有些行动表现不激烈，但是同样会对管理目标造成破坏。而柔性管理则恰恰弥补了制度管理的刚性，使员工获得更为和谐的工作环境，更愿意心怀感激地达到管理目标。

在我国历史上，汉光武帝刘秀成功地践行了柔性管理的理念。西汉末年，王莽篡政、残虐天下，在民不聊生、群雄并起的乱世危局中，刘秀靠着自己卓越的领导才能，不断地壮大自己的实力，最后推翻了王莽，清除了封建的割据势力，完成了统一大业。在此基础上，他建立了安定的社会秩序，使百姓安居乐业，国家繁荣富强，史称"光武中兴"。

刘秀认为，在管理中应该以柔克刚，即对人要仁德宽厚、广施恩泽、表达厚爱；对待下属，应该宽容豁达；对待百姓，要以宽松为本；对待功臣，要高秩厚礼。刘秀还总结道："吾理天下，亦欲以柔道行之。"从现代科学管理的角度来看，刘秀真正实践了柔性管理。

日本的松下幸之助也十分地重视采用柔性管理策略，有一个例子便是极好的证明。

有一次，他在餐厅招待客人，一行六个人都点了牛排。当大家吃完牛排时，松下幸之助让助理将餐厅的烹调牛排的主厨叫过来，并且强调："不要找经理，找主厨。"

主厨见到松下幸之助后，显得有些紧张，因为他知道客人来头很大。没想到，松下幸之助对主厨说道："你烹调的牛排，真的很好吃，你是位非常出色的厨师，但是我已经80岁了，胃口大不如之前。"

大家听松下幸之助如此说，都觉得十分地困惑，他们不知道松下幸之助究竟想说什么，过了一会儿才明白，松下幸之助说："我把你叫来，是想告诉你，当你看到我只吃了一半的牛排被送回厨房时，不要难过，因为那不是你的问题。"

试问，如果你是那位主厨，你听到松下幸之助所说的那番话，会是怎样的感受？你会不会觉得备受尊重呢？而一旁的客人听到松下幸之助如此尊重他人，更加地佩服松下幸之助的人格，更愿意与他做生意了。

松下幸之助曾说过，当公司只有一百人时，他必须站在员工的最前面，以命令的口气指挥部属工作；当公司有员工达到一千人时，他必须站在员工的中间，诚恳地请求员工鼎力相助；当公司的员工达到一万人时，他只需要站在员工的后面，心存感激就可以了；当公司的员工达到五万或十万时，他除了心存感激，还必须双手合十，以拜佛的虔诚之心来领导大家。

从松下幸之助的话中，我们看到了柔性管理对企业发展的重要性。真正懂得真情关怀部属感受的领导是英明的，因为这样可以完全捕获部属的心，并让部属心甘情愿地为他们赴汤蹈火。因为对别人的关心和善意，比任何礼物都能产生更好的效果。

人情是制度的"润滑剂"

有一次，索尼公司在日本的一家分厂的产品出了问题，这家工厂的产品是销售到东南亚的，总公司不断地收到来自东南亚的投诉，给公司造成了近 1000 万日元的损失。后来经过调查，发现原来是这种电子产品的质量出了一些小问题。该项目的重要负责人羞愧难当地随即向董事长提出了辞职，以示谢罪。

面对此，索尼董事长盛田昭夫很是冷静。他没有像其他人那样顿时火冒三丈，严厉指责负责人的过失，并按照管理制度做出开除他的决定，以消除内心的怒火。他清楚，这样做于事无补，因为损失已经成为定局无法挽回。

该负责人立即被盛田昭夫叫到办公室，要求对这一次错误做出陈述。事后，盛田昭夫又当着对方的面把辞职信一撕两半，扔进了垃圾桶，并笑着对他说道："你在开什么玩笑？公司刚刚在你身上花了 1000 万日元的培训费，你不把钱挣回来就别想离开。"

该负责人闻听此言，大出意外，立即化羞愧为力量，变压力为动力，在随后的一年时间内，为公司创造了远远超过 1000 万日元的利润。

盛田昭夫是个极为明智的人，面对下属的失误，他既看到了公司的损失，也看到了他事业方面发展的潜力，于是在无情的制度中加入了点"人情"因素，最终，为公司挽回了损失。

任何一家公司的制度都是人制定的，而人的思维和视野会受到很多因素的制约，这难免会有考虑不周的时候。因此，制定的制度就难免存在漏洞。这个时候该怎么办呢？是死板地执行制度，并且美其名曰"按制度办事"，还是听取员工的意见或建议，不断地补充和完善制度，必要的时候放弃错误的制度，采取合情合理的人性化管理方式呢？答案不言自明。

当然，如果制度本身没有任何问题，那么当员工违反制度时，管理者理所当然地按制度处理。但是需要注意的是，在执行的时候，管理者还要顾及员工的感受，尽可能地配合以情感人的管理方法，让员工心服口服地接受处罚。

西洛斯·梅考克是世界第一部收割机的发明者，也是美国国际农机商公司的创始人，被称为企业界的全才。在他几十年的商海生涯中，历经几次起落，但最后他都以超人的心理素质昂首挺过来。

作为公司的老板，梅考克手握大权，但他却从不滥用。即使员工违反了公司的制度，他也能在严格处罚员工的同时，设身处地地为员工着想。这种做法既维护了制度的威信，又不伤害员工的感情，十分高明。

有一次，一个老员工酗酒闹事，迟到早退，违反了公司的相关规定，应当接受开除的处分。当管理人员将这一处罚决定递交给梅考克时，梅考克当即表示赞同。但这一处罚决定公布之后，那位老员工十分恼火，他说："当年公司债务累累时，我不离不弃，三个月拿不到工资也毫无怨言，今天我犯了点错误，你就把我开除，你真是一点情分都不讲。"

梅考克十分平静地说："这里是公司，是有规矩的地方，不能有任何例外。"事后梅考克了解到，这名老员工之所以酗酒闹事，与他妻子刚刚离世有关。妻子离世后，他带着两个孩子，一个孩子跌断了一条腿，一个孩子因吃不到奶水而啼哭不已。他极度地痛苦，于是借酒消愁，结果耽误了上班。于是，梅考克对老员工说："你现在什么也不用想，赶紧回去照顾好孩子们，我们依然是朋友。"说完，他掏出一沓钞票塞到老员工的手中，对方顿时感动地流下眼泪。

当员工以为梅考克会撤销开除决定时，梅考克强调了自己的原则，他表示不想破坏制度，这也赢得了员工的认同。

严格地说，管理的最终目的不是管人，而是"安人"。既然是"安人"，就要让人心服口服，没有怨言和不满。执行制度虽然很重要，但是制度之外的事情，影响也是巨大的。因为人是感情动物，顾及员工的感情是管理者必须要做到的。

当员工违反制度，面临严重的处罚时，管理者别忘了给员工精神上的安慰。当员工有生活上的困难，即便他违反了公司制度，管理者也不能坐视不管。如果管理者能够像梅考克那般，既能坚持按制度办事，又能灵活地处理与员工的关系，尤其是与员工保持良好的情感联系，那么就很容易让员工信服。

完成从"老板第一"到"制度第一"的过渡

一个有经验的管理者，往往很是善于使用制度。但从现实的条件来看，许多小公司都没有一套完善的管理制度和方法，他们通常依靠口头约定或老板带员工、老员工带新员工的方法告诉大家：什么事情可以做，什么事情不能做。

然而，当公司发展到一定的规模之后，这种粗放式管理的弊端也就显露出来了。比如，员工做事毫无章法，出现工作上的失误，相互推诿，遇到稍繁重的工作，员工便想方设法偷懒、推卸责任，等等，日常工作极容易陷入混乱的状态。这个时候，你就要针对公司的实际情况，制订相应的管理制度。同时，还要完成从"老板第一"到"制度第一"的过渡，只有用好的制度去管人管事，才能更好地理顺公司人员的办事章程，使内部呈现有序的管理。

　　一般来说，每家公司的经营性质都是不尽相同的，人员的构成也不尽相同，因此其制度也存在较大程度的差异，在制定规则的过程中，一定要考虑到自身的实际情况，并适应时代环境的变化，只有多方面地考虑，才能制定出更为合理的公司制度。

　　日本东芝以电子产品而闻名全球，众所周知，电子产品的生产对制造环境的要求相对较高，对于某些特定的产品而言，必须要做到"无尘"，甚至是"无菌"，只有这样，才能少出废品，提高产品的合格率。东芝的生产车间由少到多，生产人员也会逐步地增加，原本的粗放式管理已经远远满足不了管理的需求，因此，必须要制定规范详细的制度，来保证多家工厂生产行为的一致性。

　　在这样的情况下，企业的管理层很快完成了管理制度的转型，东芝企业结合自身的生产环境以及对产品的生产要求，制定了一系列从头到脚的净化标准。为了将制度落到实处，管理层还制定了相应的奖惩措施，如若不遵守相关的制度，轻则受到批评检讨，重则会给予经济上的处分。

　　随着企业规模的发展壮大，员工人数也会随之增长，人少则"老板第一"，人多则必须要依靠制度。东芝及时地完成了从"人治"到"法治"的转变，从而保证了企业发展各个阶段的简化有效，这正是其成功的重要秘诀之一。

　　初创的小公司或小企业一般都是以老板的意志为主导的粗放式管理，当然我的公司也不例外，无论是人还是事，一般都是老板本人说了算。这种管理办法适用于小公司或小企业，随着公司或企业规模的扩大，老板的个人精力明显会不够用。这时，管理办法也必须理能够与时俱进，停留在以人管人的基础上只会使公司陷入混乱，使整个公司变得杂乱无章，从而影响公司的效益。实质上，管人管事靠制度说话才是提高管理效率、促进公司或企业不断发展的秘诀。

越是模棱两可的事情，越应该制度化

在现实管理中，最忌讳的就是"差不多""大致可以"等，对产品或服务的具体要求是怎样就是怎样，而不是模糊不清、模棱两可，否则，公司或企业的整体劳动效率就会差很多。对于管理者来说，越是模棱两可的事情越不能打马虎眼，因为这些地方往往极容易出现问题，只有尽早实现制度化，才能够避免因为制度漏洞而给公司带来不必要的损失。

从专业化的角度来讲，制度化的前提是目标本身一定要清晰可辨，可量化，即可度量，可考核，可检查。任何一项工作本身都不能是模棱两可的，也就是说，工作内容或结果无法量化，检查工作比较费时费力，但这并不能成为我们拒绝制度的理由。

市郊区一家模具生产企业自成立以来，废品率就一直居高不下，而且成品也常常因为达不到客户的需求而产生投诉问题。为了改变这一现状，生产部经理老刘便亲自去解决客户的投诉，并且试图找到产品质量背后的根本原因。

通过收集的数据显示，超过 80% 的客户不满意的原因是塑料成品中有明显可见的杂质。找到了问题的根源后，老刘便亲自来到了生产车间，询问了几名员工之后，他便发现了一个极为明显的制度漏洞。尽管生产制度中有"有明显杂质、污点的产品视为废品"的规定，但为了降低废品率，对于那些不太明显的杂质和污点，质检人员也就是睁一只眼闭一只眼。

什么样的杂质、污点才算明显，什么样的才算不明显呢？显然每个员工的衡量标准都不尽相同，正是这种模棱两可才造成了客户投诉。越是模棱两可的事情，越应该制度化，找到问题根源的老刘马上细化了生产制度，要求杂质、污点的直径等于或大于1毫米的产品均被视为废品，为此他还专门给每位生产以及质检人员配备了高精度的尺子，以方便大家贯彻执行。

事实也证明，老刘的这种做法是十分明智的，原来模糊不清的成品衡量标准实现了制度化，有明确详细的条款可循，这样一来不仅保障了产品的质量，也避免了部分马大哈的员工钻制度的空子，实在是一举两得。

任何一个企业都存在相对模糊的管理区域，作为管理者千万不能任由这些事情模棱两可下去，一定要尽可能地实现制度化。对于那些很难用硬性制度去约束的工作类型，硬制度不好管控，不妨采用软制度，既借助员工满意度打分或者客户的满意度打分等方式进行工作监督和检查。

加强人为管理，以弥补制度的"短板"

将工作量化，对公司考核制度的完善和提升员工的工作积极性是有极大的帮助的。但是，在实际的管理中，并不是任何工作都可以量化，尤其是那些带有创造性的工作，我们很难用数值来衡量，而这类不能被量化的工作，正是制度的"短板"所在。

可在实际的管理工作中，有不少管理者似乎没有意识到这一点，他们将制度当作"金科玉律"，自己则充当起制度的执行者。殊不知，世界上没有绝对完美的制度，仅有执行力是远远不够的。管理者必须看到企业制度背后的短板，并且在贯彻执行的过程中尽可能地去弥补公司制度上的不足。在这方面，公司技术部的技术主管小王做得就不错。

身为技术主管，他在平时的管理工作中，十分注重那些不能被量化的工作。尽管他们技术部曾经研发出不少富有竞争力的新产品、新技术，但这些成就都是建立在无数次的失败的基础之上的。对于技术研发，很难用清晰的量化数据去管理员工，因为谁也不确定，开发一种有价值的新技术需要几个月还是几年。

身为技术主管，小王很清楚科研工作的特殊性，尽管公司的规模不小，企业制度也十分地完善，但是技术研发是不可量化的工作，因此公司制度在这一领域比较笼统，没有详细具体的管理标准。小王深知，自己所在的部门正是制度的"短板"所在，基于此，作为该部门的领导，就必须弥补制度的不足，做好对下属的监督检查工作。

为了更好地了解属下员工的科研进度，小王要求每个员工每周都要上交一份工作报告，对自己的工作进度、所遇到的问题以及所取得的成就要进行一一地汇报。

此外，为了弥补不能被量化工作的制度"短板"，小王还充当起了"督察员"的角色。每个工作日，他都会抽出时间到实验室进行不定时的抽查，一旦发现有下属"磨洋工"，便会立即给予提醒，并帮助他解决工作中的困难。事实证明，小王的这种做法，确实在一定程度上提高了员工的工作效率。

在现实的管理中，我们千万不要忽视那些不能被量化的工作，越是工作内容不好衡量，就越是要加强人为管理的力度。制度并非是万能的，而对于企业中那些制度触及不到的"边边角角"，我们只能采用监督检查的方式，加以弥补。

在制度无法触及的地方，还要靠文化去解决

用制度管理企业、管理员工，但我们也要明白，制度不可能100％地堵住企业所有的漏洞，也不可能解决企业存在的所有问题。因此，制度要与企业文化相结合，换个角度讲，制度的实施离不开企业文化。一旦离开了企业文化的指导，一旦制度与企业文化不相符，制度必然会成为空中楼阁，成为短命的制度，不仅效果不好，而且还会有损企业文化的建设。

比如说，每个管理者都希望自己的团队充满凝聚力，但是要想打造充满凝聚力的团队，仅靠制度能够做到吗？答案是否定的。多少企业在严格的制度管理下，员工不但没能够凝聚在一起，反而是人心涣散；多少公司在严格的制度管理下，竞争力不但没有增强，反而导致员工积极性不高。其实，对于这种靠制度无法解决的问题，可以用企业文化去解决。

娃哈哈集团在中国具有相当高的知名度，它便一直将"家"作为企业的经营理念，力求让每个员工都感受到"家"的温暖，如集团十分注重员工生活水平的提高，也总是对员工所提出的建议认真考虑，等等。正是这种管理方式，使得娃哈哈集团内部形

成了"和谐一家"的良好局面，同时也使数万娃哈哈员工以及家族人员建立起了强烈的企业凝聚力、品牌认同感和职业荣誉。即使面对天灾人祸，集团内的员工也能团结如一人、坚强如钢铁，这种精神品质比金子还要闪亮，比坚石还要强硬。

一直以来，娃哈哈集团都秉承着"安居才能乐业"的企业理念，仅在杭州，集团已为员工分配住房1300多套，发放补贴近4000万元，让很多员工都少了许多"后顾之忧"。同时，集团还在海宁建立起了员工公寓楼，以廉租房价格租给外来员工，让他们不必为了高房租而发愁。为了给未婚员工提供设备齐全的集体宿舍，集团更是花费大量资金购买了空调、电视机、饮水机等设备，同时为了提高员工们的业余生活质量，集团还十分细致地配备了阅览室、健身房等，方便了员工的生活，提高了员工的归属感，使员工甘愿和公司共进退。如此一来，企业也少了人才流失的担心。

娃哈哈集团正是有效地将"家"文化的理念融入企业之中，才有了后来健步如飞的发展，在提高企业凝聚力的同时，也大大节约了人力资源成本，也提高了员工的归属感，使员工能够与企业同甘苦共命运，共同促使企业不断向前发展。

多数企业的管理者认为，企业内部员工如此之多，必须要靠严格的制度去实施管理，否则将无法提高其工作效率。其实，制度可以用来约束员工偶发的违规行为，而如果能将制度之外的管理融入一些人情味，管理者能够时时一心为员工着想，那么，就会让员工产生归属感、认同感，能够产生强大的凝聚力，大大增强企业的竞争力，企业未来的发展道路也将会越来越好。

企业文化是企业的精神食粮，也是员工的精神指导，它能深深地影响员工的思想，影响员工的行为，并使员工尽可能地向企业的目标靠拢。在马斯洛的"需求层次"理论中，自我实现是人的最高需求。当员工的这种需求得到满足后，那么员工将能获得无限的激励作用，并会对企业产生强烈的荣誉感和归属感，员工会为自己是企业的一员而感到自豪，并且觉得为企业的发展而服务是一种快乐。所以，重视企业文化建设，努力创造人性化的企业文化，是最大化地激发员工的潜能、打造公司凝聚力的保障。

不断优化管理制度，方能推动公司不断发展

制度是为公司或企业的发展服务的，每项制度的出台，都是着眼于当时公司或企业存在的问题的。当一个问题解决了，新的管理问题出现时，原来的制度可能就失去作用了。因此，聪明的管理者就应该根据公司的发展不断去调整公司的制度，切勿墨守成规。同时，管理者也要不断地探索、研究管理方法，用好的制度去淘汰不好的制度。当然了，优化管理方式，改良组织必须要落实到经营效益上来。这一切都必须要以"成果"为标准，以持续发展为目标。

司马迁《史记》中有这样一句话："天下熙熙，皆为利来；天下攘攘，皆为利往。"大概意思是说，天下人为了利益蜂拥而至，为求功利各奔东西。公司就是一个功利性组织，为了求得生存，必须要扩大规模，这是企业逐利的本性和竞争的压力所决定的。然而，一味地强调通过扩大规模来扩大市场份额或进入新领域，却并不能使得效益同步增长；反之，如果一味地强调效益，

重视利润率,又会抑制规模扩张,缩手缩脚,阻碍公司进一步发展。

很多时候,规模和效益已经成为公司管理中相互对立又相互依存的矛盾,矛盾的哪一方都不可偏废,它们都是推动公司进一步发展的重要力量。正如任正非所说:"企业缩小规模就会失去竞争力,扩大规模、不能有效管理,又会面临死亡。"管理是内部因素,是可以努力的。规模小,面对的都是外部的因素,是客观规律,是难以以人的意志为转移的,它必然抗不住风暴。因此,我们只有加强管理与服务,在这条不归路上,才能奠定生存的基础。

显然,解决规模和效益的有力措施就是不断地优化公司的管理方式,坚持向管理要效益。只有与时俱进的管理方式才能让企业的生产经营变得更加有效率,成本变得更低。管理工作做得好,才能合理配置公司的人力、财力和其他的资源,组织和调动最小的投入获得最大的经营效益。

沃尔玛的供应链管理就是一个极好的例子:

沃尔玛成立于1962年,经过50多年的发展,在全球范围内开办了超过8400家商场,员工超过200万。面对如此规模的大型零售业,每天都需要处理不计其数的货物与信息,而且沃尔玛在全球范围内持续扩张的情况下,就需要很大的管理成本,这就必然有了扩张和效益的双重矛盾。这种矛盾,在沃尔玛始终坚持向管理要效益的经营模式中成功化解。

为了节约成本,让企业获得更多的效益,沃尔玛坚持依靠管理降低成本。它特意购买了一颗企业数据信息传递的专用卫星,并结合使用了物流配送中心和EDI("电子数据交换"的简称),

使得沃尔玛的物流配送成本远远低于其他的竞争对手。更为重要的是，配送中心和 EDI 的使用让沃尔玛源源不断的货物和信息始终处于快速流动的状态，很大程度上提高了供应链的效率，为企业获得了效益。

沃尔玛采用物流配送中心这种科学、高效的管理方式，极好地处理了规模和效益的矛盾。它让我们认识到，企业的效益不能只靠节约，一流的管理才能为企业创造更多的效益。

同沃尔玛一样，诸如，苹果、IBM 等许多国外大公司，之所以能够占领世界范围内一个又一个市场，很大程度上在于他们能够通过不断更新管理模式，为公司发展赢得极低的成本和极高的效益，从而获得更大的利润，推动企业不断向前发展。同样，在现实的管理中，身为经营者也应该提出向管理要效益、依靠管理降低成本的管理目标。

不折不扣地维护制度的"权威"

公司在创建一系列的制度之后，还需要不折不扣地去执行制度，这样才能维护制度的"权威"，才能使制度为公司的发展"保驾护航"。但在现实中，有些管理者在员工违反制度之后，没有做到公事公办地按制度处理，而只是睁一只眼、闭一只眼，客观上迁就和纵容员工违反制度的行为，在无形中损害制度的"权威"性。管理者之所以会在制度面前丧失原则，是因为他们通常打着"人情化管理"的口号，觉得员工也不容易；还有一些管理者与员工的私人关系也不错，想"照顾照顾"他们，会轻而易举地放员工一马。

三国时期,关羽在诸葛亮的安排之下,镇守华容道。因为曹操曾施大恩于关羽,为了避免旁人心生猜忌,关羽特意立下军令状,说如若自己放曹操一马,愿诸葛亮取自己的项上人头。然而,关羽在华容道见到狼狈逃窜的曹操后,便一时心软,放了曹操一马。回来之后,面对其违反军法的行为,刘备匆忙从中站出来为关羽求情,最后使这件事情不了了之。

在这个案例中,刘备作为管理者,犯了许多管理者犯的错误:面对员工违反制度的行为,他们没有做到公事公办地处理。与刘备的做法截然不同,诸葛亮在马谡失街亭之后,按照军法对马谡处以斩首之刑。

当时的马谡是蜀国的一员虎将,极富智慧,而且诸葛亮对他极为赏识。诸葛亮在斩首马谡时,曾经忍不住伤心落泪,但是他依然将马谡处以死刑。为什么呢?如果他不这么做,就会使军法失去威信,以后谁还会把军法放在眼里呢?

其实,一个公司的制度,就如同诸葛亮定的军法,必须去不折不扣地执行。如何才能保证公司的制度得到不折不扣地执行呢?

1. 管理者必须身先士卒,做好表率

也就是说,你想让员工遵守制度,你必须起带头作用,否则,你若带头违反,就极难说服员工去遵守了。同时,在执行制度时,管理者必须要公事公办地处理,绝不能徇私枉法,私自包庇。

2. 不折不扣地执行

在公司,当你发现员工违反制度时,管理者就应该指正员工的行为，该怎样处罚，一定要按制度处罚，绝不能做老好人而亵渎制度，这需要管理者有一颗正直之心。著名管理大师德鲁克曾说过："如果管理者缺乏正直的品格，那么，无论他是多么有才华、有见识、有成就，也会造成重大的损失。他破坏公司中最为宝贵的资源——人，破坏组织的精神，破坏工作成就。"在管理中，怀着公正公平之心去对待员工，就是在维护制度的权威。

其实，在现实中，对于违反制度的员工，管理者可以找他们谈话，可以开宗明义地指出："你的表现有问题，你违反了公司的制度规定。"然后，按照公司的规章制度，逐条地指出员工表现不佳的地方，比如，"公司规定，每周一早上要准时上交生产报告，但是今天已经是周三了，你还未上交生产报告，能给个理由吗？"在你听完员工的解释之后，如果员工的解释有道理，可以对他提出口头的警告，并让他赶快上交报告；如果员工说不出什么合理的原因，那么，该批评的一定要及时批评，该处罚的一定要处罚，一切都要按制度的规定来办。只有这样，才能够及时地纠正员工的不良行为，杜绝违反公司制度的行为。同时，也有利于员工把工作做得更好。

总做"好好先生"，公司迟早会陷入混乱状态

最近公司招进来一个新员工小王，在面试的时候，我问他："能谈谈你从上一家公司离职的原因吗？"

他很真诚地告诉我："我在上一家公司做产品设计工作，因为各种原因，公司的业务做得并不好，很多员工都觉得没前途，

他们不是整天无所事事,就是迟到早退,看到这种情况,我曾问我们主管:'公司照这个样子发展下去,肯定会非常危险。是时候要采取有效的办法去整顿公司的各种乱象了?'谁知主管却对我说:'你管这么多有什么用呢?先挺挺看,也许过一段时间就会有起色。'我听到主管说如此丧失信心的话,第二天就递了辞职信。"

我顿时明白,小王之所以会选择高飞,是因为在他的心中,主管便代表着公司,主管对公司已经失去了信心,下面的员工对公司更没有信心了,还不如趁早跳槽来得痛快。

实际上,小王的主管对下属放任不管的错误,是一种失职行为。他们的公司可能有制度,但是在执行的时候却被打了折扣,致使公司管理陷入混乱,使有潜力、有理想和抱负的员工毅然辞职。可见,在现实的管理中,管理者要懂得维护制度,严格要求下属,不能放纵不管。当然了,在严格要求的同时,还是要使用一些管理技巧的:工作中,要用严格的管理来体现组织的制度;私下里,要用情感来体现自己对下属的关怀。如果你老是想着做老好人,那么你将组织的规章制度置于何处呢?如果是下属犯了错,你不去惩罚他,你的威信何在呢?置公司的制度又于何地呢?

人们普遍认为,做人就是如何搞好人际关系,做事就是如何提高公司的效益,搞好人际关系、提高公司效益就是管理。只会做人,不会做事,表面上显得和气一团,是和稀泥,管理上等于零;相反,只会做事,不会做人,常常只会得罪人,他的管理也不佳。因此,要先学会做人,然后会做事,这便是管理。

但是在日常的管理工作中,管理者经常遇到事与人纠缠在一起的时候，其实也难怪，人是做事情的人，事是人做的事，怎么能分得清楚呢？所以，很多时候管理是一件得罪人的事情，在日常管理中不要怕得罪人，但不要得罪大多数人，更要注意对事要制度化，对人要人性化，尤其是在一些小型的公司里，首先要做的就是有法可依，然后才是讲人情。

在现实中，我还听到过类似于小王的案例：某公司进行了人力资源战略规划，从战略出发对公司人力资源情况都进行了盘点，并且制定了有针对性的人力资源政策，以保障战略的实现。根据人力资源战略规划，为完成优化员工年龄结构、学历结构和专业结构的目标，第二年，企业在短时间里将一批年轻的主管提拔至部门正职或者副职的岗位上。一时之间，这些年轻人被压抑许久的积极性得到了充分的调动，也在各个部门间烧了几把火。

一段时间之后，人力资源总监着手对这些新中层的工作情况进行一番调查。在调查的过程中，他接到了一些普通员工对新中层的投诉，反映新领导是"好好先生"，对下级要求过松。尤其是有一些普通员工认为，新中层"很少对他们红脸"，跟着新中层对个人成长无益。他感到十分奇怪：这些新中层虽然年轻，但均已经担任过相当长时间的主管，为什么做主管时一直没有暴露过这样的问题呢？

实际上，在我们的周围也有这样一些总以"老好人"形象出现的管理者，在做出决定时，总是会摇摆不定、犹豫不决；在碰到一些问题时，习惯当"甩手掌柜"。久而久之，他们管理的魄力小了，胆子亦小了，办法也少了。有什么事情，总是会满头大汗找上级领导："您看这件事情应该如何处理，您给拿拿主意吧。"或者干脆不管，假装什么也没有发生。

身为管理者，往往管理着许多的下属，管理着一摊子工作，其首要的任务就是把下属管理好，把方方面面的工作安排得井然有序、有条不紊，从而维持日常工作的正常运转。

实际上，在实际工作中，任何一名企业管理者都应该扮演好管理者的角色。在实际工作中，有的中层管理者认为，自己不是高层领导，不愿管，不敢管，没有资格管。在情感方面亦是如此，不好意思，怕得罪人，做老好人。有的中层管理者则认为下属做的是一些鸡毛蒜皮的小事，不值得自己去管，结果使整个公司都陷入混乱的状态，毫无秩序，甚至还会导致极为严重的后果。

很多时候，管好一个企业与一群人往往是需要给企业动一系列的"手术"的，会让企业中的不少人感到"疼"。改革会调整企业原有的利益格局，可能要堵一些人的财路，降低一些人的收入，使大部分人感到压力增加，甚至要揭人之短……这些都是得罪人的事情。企业管理者要抓管理，就需要顶着压力、冒着这些风险，大刀阔斧地把一项新制度贯彻下去，要敢于管理。

管理者如果空有管理之心，却前怕狼、后怕虎，这个不愿招惹，那个不敢得罪，希望什么麻烦也没有。一心只想做个"好好先生"，管理根本没有办法得以改进。企业抓管理就是既要无情又有情。在制度面前，要做到"无情"，始终坚持制度至上，没有什么讲情面的余地。奖惩分明，能上能下，对于一部分员工来说可能很"无情"。但是，只有通过加强管理，企业才能更具竞争力，才能有更大的发展，使员工收入增加，提供更多的岗位，这恰恰是"有情"的一面。

从其他优秀公司的管理经验中汲取精华

任何一家公司或企业在规模较小时，领导者都能够单枪匹马，有效地驾驭整个公司的大小事务。然而随着公司规模的扩大、员工人数的增多，公司领导常会感到力不从心，很容易使公司的整体或局部处于失控的状态。这个时候，经营者就要考虑改变内部的管理体制问题。在从小公司到大公司的转型期间，制度从原来的"小作坊"式管理模式到"大企业"的管理转变，松下电器就做得极好。

20世纪30年代，松下电器公司在面临世界性的经济大萧条的局势下通过"生产减半，绝不裁员"的举措成功地渡过了难关，随后其顶住压力在门街建设了厂房，此时的松下电器公司已经发展成为一个大企业。由此可以看出松下幸之助对时局的把握和过人的谋略。

那么松下电器公司是如何渡过难关的呢？

从小作坊式的经营模式到大公司的发展转变，松下幸之助也在不断地思索关于管理体制的问题，后来他竟然做出了惊人之举，大刀阔斧地推行"事业部制度"。

"事业部制度"将松下电器公司现有分厂和所有的从业人员重新划分为三个部门：第一部门为收音机部，任命井植岁男为部长；第二部为脚踏车车灯及干电池部，井植薰担任部长；第三部为配电线器具及电热器的制造与销售部，松下幸之助自己兼任部长。

松下幸之助认为："事业部制度"这种分权式的管理方式，可以使公司的经营吸收小企业的长处，尤其是灵活性。每一个部门的部长都是独立的负责者，由他全权负责本部门产品的制造和销售；每一个部门都采取独立核算，绝不允许以某部门的盈利来弥补另一部门的亏损，也就是废止从前各个部门相互间盈亏相抵的办法。各个部门要负起责任来，凭自己的努力和创造争取营业利润，并以此利润为公司的成长和壮大做出贡献。

此后，松下幸之助又将这种"事业部制度"写入了《松下公司史资料》的第七卷中，并这样评价道：事业部制度的本质，照现在的定论，就是松下电器公司硬件组织制度最为突出的一项。这项制度实施于1932年，是松下电器公司获得长足发展时期的产物。事业部制度的直接动因是公司规模的扩大。松下幸之助创业伊始，摊子小，一切都由他自己一个人操持，虽然说辛苦，尚可应付。事业的发展，导致事物纷繁，千头万绪，松下幸之助自己已经感受到了其中的繁杂。他想把事情分给别人负责，而他一贯的观念又是委任即要放松，于是就有了设立事业部的分权组织设想。

他将公司分为三个部门：一是收音机部，二是脚踏车灯及干电池部，三是配电线器具及电热器的制造与销售部。这一次的分设，销售部是隶属于第三事业部的，其他的部门则没有专门的销售机构，各个部门的销售其实还是公司一手所包揽的。松下幸之助觉得上述的分权制度还不够彻底，不能算得上是名副其实，因此效果也就差一些。基于这样的认识，1934年3月，又进行了进一步的改组。这一次，他把原来第三部的电热器制造独立为第四部门。更为重要的是，在各个部门设立了营业科，专门负责各部门的销售业务。因此，松下电器公司相当长时间采用的硬件组织制度就这样形成了。

这个制度的特点，就是研究、开发和制造、销售、宣传，全部严格地实施公司各组织单位的全权责任制。这些事业部的部长，都以自己的名义设立户头，经济实行内部核算；当然工作也由自己全权决断。这样，每一个事业部实质上和一家独立机构相差无几。

松下幸之助当初分权而设立的事业部，有两项基本的用意，这其实也就是分权制度的作用。

其一是事业经营责任划分清楚。分权之后，权力是各事业部的，经营绩效也是事业部的。这样，哪一个事业部情形如何，一目了然，彻底打破了过去那种各部门间损益互补的情形了。这也就是现在所说的责任权益分明。

其二可以锻炼、培养经理人才。各部门自负其责，不能依赖公司，也不能依赖其他部门，一切都要靠自己，经营人员的才干必然得到培养和锻炼。这种制度，也确实为松下电器公司培养出了不少的经营型人才。

不难看出，事业部制度有以下的几个优点：

（1）不但能使企业得以顺利地扩大，而且还能够解决松下幸之助自己力不从心的问题。

（2）每一个事业部都是一个责任中心，产品责任划分分明，盈亏明朗，便于考核。

（3）各事业部都具有小型企业之特点，产品较单一，致力于技术研究与产品的开发，因此能够培养出许多技术专才。

（4）由于各事业部部长对盈亏负全部责任，自然而然会产生强烈的消费导向：非常重视并且竭力满足消费者的需求。

（5）一个事业部盈利，绝不分利给另一个亏损的事业部。每一个事业部都必须自己想办法实现盈利。因此，事业部就不会抱有依赖思想，都会竭尽全力把自己放到整个电器同行业中去竞争。

事业部这种分权组织的制度，在当时的日本是首创，就连企业管理比较先进的美国，1930年以前只有杜邦、通用汽车公司等少数大企业才有这种制度。显然，松下幸之助的这种做法先人一步，令其获益匪浅。以后，这种制度虽然有些微妙的变化，但大体还是如此，基本保持不变，形成松下电器公司的一大特色。

现在，经营的集团化优势十分地明显，因此合并、重组的事情时有发生。集团的各组织单位如何运作，松下电器公司的事业部的经验为我们提供了极好的转型模式，值得我们根据自身的企业状况进行仿效。

第六章

以客户为中心：
赢得了客户，就赢得了一切

　　我们谈用人、制度、执行力等管理方法，其目的是为了赢得客户。可以说，客户是公司的"衣食父母"，服务好客户，赢得效益，是一切管理工作的根本目的。获取新客户、维护好与老客户之间的合作关系，是企业生存的第一使命。所以，公司做好"以客户为中心"的管理工作，是一项不简单的工作。记得华为董事长任正非说过，在华为，要坚决提拔那些眼睛盯着客户、屁股对着老板的员工；坚决淘汰那些眼睛盯着老板、屁股对着客户的干部；前者是公司价值的创造者，后者是牟取私利的奴才；各级干部都要有境界，下属屁股对着你，可能让你不舒服，但必须要善待这样的下属。这表明了，做好客户管理是每个公司或企业生存下去的根本，本章就客户管理的一些经验和心得，分享给在客户管理方面有困惑的管理者们。

获取客户：企业生存的第一使命

企业的第一使命便是获取客户，赢利是之后水到渠成的必然结果，两者绝对不能错位。否则，就只能先甜后苦做一锤子买卖，欲取先予绝对不是什么策略，而是一种态度乃至是一种智慧。

北方的某个小城市里，一家海洋馆开张了，50元一张的门票，令那些想去参观的人望而却步。海洋馆开馆一年，简直门可罗雀。

最后，急于用钱的投资商以"跳楼价"将海洋馆脱手，黯然回到了南方。新主人入主海洋馆后，在电视和报纸上打广告，征求能使海洋馆起死回生的金点子。一天，一个女教师来到海洋馆，对经理说，她可以让海洋馆的生意好起来。

依照她的做法，一个月后，来海洋馆参观的人天天爆满，这些人当中有很多是儿童，更多的则是带着孩子的父母。三个月后，亏本的海洋馆开始盈利了。

海洋馆打出的新广告内容很简单，只有12个字："儿童来海洋馆参观一律免费。"

从客户那里获取利润的唯一方法，就是满足客户的需求。这是废话吗？可我们身边到处可见只想到向客户收费，而忽视其核心诉求的商家。满足客户的核心诉求，对取悦客户最为在意的人，哪怕看似免费，最终也会迎来滚滚财源。商业就是如此有趣，谁抓住了客户的心，谁就赢得了利润。

别让"过度营销"吓走你的潜在客户

获取客户的主要方法就是依靠"营销"。在管理界流行一句话：营销做得不好，客户注定少。也就是说，对多数公司来说，做好营销是赢得客户多少的关键。为此，很多公司的经营者或管理者，都会将公司的主要精力投入到营销活动中，以获得更多的关注。殊不知，很多公司却犯了"过度营销"的商场大忌。

在现实中，大到公司，小到街边小店，有很多的"主动营销"都属一厢情愿的行为。比如，在街边主动给消费者递塞消费卡、代金券等，甚至强制路人消费等。身为营销人员，你是否检查过你的行为，有没有让消费者感到厌烦。或者你公司出了一款新产品，为了能在社区打开销路，你会主动敲开用户的门，一家一家地推销等，这些"过度营销"行为势必会引起很多人的反感，而且这些人有可能是未来潜在的消费者。

从概念上讲，过度营销是企业过分依赖或使用商业手段，获取商业利润或经营业绩的一种短期营销行为，例如频繁使用概念战、价格战、大量的广告投放、各种促销战术的不间断执行等，常常导致大量资金被投入到营销活动当中，但是所得到的效果却没有达到预期的水平，甚至大大低于计划的目标。

张颖到一家理发店理发，一进店，便受到了店小妹的热情招呼，先是躺着洗头、再到开始理发。接下来，理发的小哥便开始向张颖推销理发卡："你发质太干"，"你发梢要分叉了"，"你要求的这种发型，必须要先将头发软化一下才能出效果来"，"我建议你再把上面微烫一下会更有飘逸感"……这些推销让张颖不知如何应对，心想，就是简单地理个头发，这些小哥却给自己介绍一连串的加费服务，真是让人烦不胜烦。

等一周之后，张颖又到这家理发店做头发护理，上次给她理发的小哥便不认识她了，问道："这头发谁给你剪的，根据你的脸型建议你还是做个直发比较有气质。"接着又说："你还是办张年卡吧，非常划算。"这让张颖又一次觉得极为反感。自此之后，便再也不到这家理发店去做头发了。

过度营销这件事，在很多理发店里算是被演绎得最为贴切的，不过在其他领域，也有类似情况。很多公司的营销人员，也曾犯过类似的错误，他们总是对消费者表现得过于积极，比如街头巷尾狂轰滥炸式的广播广告、街边到处张贴的推销广告等，除了给人制造噪音和视觉污染外，很难达到营销目的，尤其是服务行业表现得极为明显。

实际上，真正高明的营销，是安静地进行的。正如美国著名的营销专家菲利普·科特勒所说的那样："有时候安静也是一种强大的力量。"对于服务行业的人员来说，如何在"毫无服务意识"和"过度服务"之间寻求一条微妙的平衡是挽回行业形象的法门。

在日本东京曾经推出过"沉默出租车"的项目，他们提供免费矿泉水、保持车内没有烟味、穿着制服，除非乘客主动打开话匣，否则司机是不能和乘客拉家常的。这样的"沉默"司机服务就像情场高手一样沉默却不失关怀。尤其是在服务行业，你的沉默很多时候是对客户最大的尊重。

实际上，真正好的营销就是做你该做的事情就好，那些刻意打扰到别人的营销活动，实际上都属于过度营销行为。在营销界曾流传一句话：有一种很好的服务方式叫纯粹！说的是要想真正地吸引你的客户，你就专心地做你该做的事情，即用你的专业为客户创造价值。

华为董事长任正非说："商业活动的基本规律是等价交换。如果我们能够为客户提供及时、准确、优质、低成本的服务，我们也必然获取合理的回报，这些回报有些表现为当期商业利益，有些表现为中长期的商业利益，但最终都体现在公司的收入、利润、现金流等管理结果上，那些持续亏损的商业活动，都是偏离了以客户为中心的。身为管理者，要树立以优质的产品和服务打动客户，而不以各种花招手段去吸引顾客。"爱因斯坦说过，愚蠢，就是用同一种方法一次又一次地做一件事，却期待有不同的结果。而企业以各种花哨的方法去接客户或者强制客户消费，无异就是爱因斯坦所说的愚蠢行为，这种做法终究是没有出路的。

从心理学的角度分析，人人都有逆反心理，身为营销人员，若一味地用各种花哨手段或强制行为去达到营销的目的，很容易让人因产生逆反心理而真正地失去客户。要知道，营销的本质是为客户创造价值，但凡背离这一目的的行为，都难以真正地留住客户。

二流公司卖"需求"，一流公司挖掘需求

过去在街上发调查问卷，问用户需要什么？这时候用户并不知道自己要什么。正如德鲁克所说：在没有被创造出来之前，需求是不存在的。

苹果的 iPad 没有开发出来的时候，谁能讲得出来？就像《Facebook 效应》这本书预计的，Facebook 会超越谷歌，原因在

于谷歌是满足需求，Facebook 是创造需求。Facebook 有超过 4500 万个社区，每个社区的人都是志同道合的，他们因此形成了关系。是个性化的，或者相对个性化的。

在多变的新经济形势下，那些传统的靠市场需求来吸引顾客的营销模式已经过时，为了让公司赢得利润，一流的公司不仅在产品质量上下功夫，还主动去挖掘和创造需求，满足客户日益多变的个性化需求。

有这样一个故事：

一位老太太在市场上买梨子，她来到了一个小商贩的面前。老太太问道："这梨子好吃吗？"小商贩说："当然好吃了，你看个儿这么大，肯定甜了。"老太太听罢摇了摇头，走开了。

随后，老太太又来到另一个商贩前。小商贩赶忙上前推销："我这里是梨子专卖店，各种品种的梨子都有，您想要什么样的呢？""要想买酸一点儿的！"

"那你试试这种梨子吧，保证你咬一口下去就流口水，你要多少呢？"

"那就来一斤吧。"老太太买完梨子继续在市场里逛。

她来到第三个小贩面前问道："你的梨子多少钱一斤呢？"

"请问你要买哪一种梨子？是您吃吗？"

"不，我儿媳妇要生孩子了，想吃酸的。"

"老太太，您对儿媳妇真体贴，她想吃酸的，说明她一定能给您生个大胖孙子。您要多少？"

"我再来一斤吧。"老太太被小贩说得很高兴，便又买了一斤。

小贩一边称梨子一边继续问："您知道孕妇最需要什么营养吗？"

"不知道。"

"孕妇特别需要补充维生素。您知道哪种水果含维生素最多吗？"

"不清楚。"

"猕猴桃含有多种维生素，特别适合孕妇。您要给您儿媳妇天天吃猕猴桃，她一高兴，说不定能一下给您生出一对双胞胎。"

"是吗？好啊，那我就再来一斤猕猴桃。"

"您人真好，谁摊上您这样的婆婆，一定有福气。"小贩开始给老太太称猕猴桃，嘴里也不闲着："我每天都在这儿摆摊，水果都是当天从批发市场找新鲜的批发来的，您媳妇要是吃好了，您再来。"

"行。"老太太被小贩说得高兴，提了水果边付账边应承着。

老太太面对三个小商贩，却得到了不同的结果。这道出了销售的本质：即卖产品即是卖需求，客户的真实需求、潜在需求和深层需求都是挖掘和询问出来的。第一个小商贩没有掌握客户的真实需求，只是简单地"卖"，所以失败了；第二个小商贩通过了解和询问客户的需求，所以销售成功。第三个小商贩不仅通过询问了解客户的需求，而且还更深层次地了解客户的潜在需求，所以销售了更多的产品。由此，我们可以得出这样的结论：三等销售卖产品，二等销售卖需求，一等销售挖掘需求。这也正如公司的营销一般，三流公司单卖产品，二流公司卖需求，一流公司挖掘需求。

就目前市场形势来看，去探究客户的心理，挖掘其潜在的需求，已成为不可阻挡之势。这也意味着在市场不断融合和调控下，公司需要根据用户的需求进行调整，这不仅是为了适应新时代营销的发展方向，同时也是为了能够更有力地保护市场，让用户与公司实现共赢。

当然，你要具体地挖掘用户的需求，可以做以下几点：

1. 通过用户反馈去了解用户的潜在需求

要了解用户的真实需求，一方面可以通过提问的方式，准确把握他们对产品的需求，然后再围绕客户所需要的产品展开介绍和宣传。另外，还需要及时查看用户对产品的反馈，用户的提问或者投诉时，切勿轻易下结论，要还原场景来考虑用户的行为，之后再做出优化或者创新的判断。

2. 公司的员工要始终保持学习的态度

要读懂用户的心理，就需要公司的员工们不断提高自己的学习能力，这样才能更好地了解和挖掘用户的潜在需求。具体做法可以是每天花点时间看有关行业内的新闻，要敏感地对待行业的变化。

3. 要挖掘需求，就要善于观察人们当下的行为

从心理学角度分析，人们已经表现出来的行为，才是最能体现其内心需求的。人类的需求随着社会的发展变得越来越高效。对于每个时代，某种需求都会选择最便利的解决方案。人们会日复一日地使用它，以至于它太平常了。比如，有一种需求叫"我想告诉你件事儿"，它经历了吼、喇叭、飞鸽传书、驿站、邮局、电报、电话、QQ打字、视频聊天等一系列解决方案，现在流行的是"微信"，那再过十几年是什么呢？它太平常了，平常到就是地铁上旁边那个拿着手机在打电话的人。如果你希望你的产品成为下一个时代每个人都会用的东西，就要观察这个时代每个人在最平常的生活中会用什么吧！当然，这是针对你所生产的产品而言的。

4. 要确定一个"需求"的价值，就要看人们"现在"满足

它愿意付出的成本有多大

要知道，人实现任何需求都是有成本的，要赔上时间、金钱、体力、精力、美好的心情等，如果一件事情在现有解决的方案下需要人们消耗极大的成本才能搞定，那说明这背后隐藏着极大的需求。

5. 挖掘出用户的"痛点"

在进行需求分析时，要懂得甄别真伪需求，对用户的需求进行抽丝剥茧的分析，甚至可以选择剥开表面最为浅显的需求，通过逻辑思维分析，代入用户使用的场景，这样才能够寻找到造成这些需求更深层次的痛点。

总之，要想挖掘需求，最重要的就是要深入客户的内心，了解他们在想什么，并且深入观察他们在做什么，然后"帮他们解决问题"，那么，用户的需求也就很容易被挖掘出来了。

选好了客户，公司的经营就成功了一半

从公司要活下去的根本来看，公司要有利润，但利润却只能从客户那里来。对于任何一个公司来说，生存本身就是满足客户的需求，提供客户所需的产品和服务并且获得合理的回报来支撑；员工是要给工资的，股东是要给回报的，而唯一能给公司钱的，只有客户。所以，对于公司来说，能选好客户和维护好客户，是重中之重。但是，在公司的所有客户中，你必须要有所选择。要知道，只有好的客户，才能为公司创造利润。

那么，什么样的客户才是好客户呢？实际上，好客户指的是本身的"素质"良好，对公司贡献大的客户，至少是给企业带来

的收入要比企业为其提供的产品或服务所花费的成本高，这样才基本上算得上是好的客户。也就是说，好客户最起码的条件是能够为公司或企业带来赢利。

菲利浦·科特勒将一个有利益的客户定义为：能不断产生收入流的个人、家庭或公司，其为企业带来的长期收入应该超过企业长期吸引、销售和服务该客户所花费的可接受范围内的成本。

一般来说，好客户通常需要满足以下几个方面的条件：

（1）购买欲望强烈、购买力大，有足够大的需求量来吸收企业提供的产品或者服务，尤其是对公司的高利润产品的采购数量多。

（2）能够保证企业赢利，对价格的敏感度低，付款及时，有良好的信誉——信誉是合作的基础，不讲信誉的客户，条件再好也不能合作。

（3）服务成本较低，最好是不需要多少服务或对服务的要求低。但这里的服务成本是相对而言的，并不是绝对数据上的比较。比如，一个大客户的服务成本是 200 元，银行净收益是 10 万元，那这 200 元的服务成本便显得微不足道；而一个小客户的服务成本是 10 元，但银行的净收益只有 20 元，虽然 10 元的服务成本在绝对数值上比 200 元小了许多，但相对服务成本却大了很多倍。

（4）经营风险小，有良好的发展前景。客户的经营现状是否正常、能否具有成长性、是否具有核心竞争力、经营手段是否灵活、管理是否有章法、资金实力是否足够、分销能力是否强大、与下家的合作关系是否良好，以及国家的支持状况、法律条文的限制情况等都对客户的经营风险有着极大的影响。企业只有对客户的发展背景与前景进行全面、客观、远景性的分析，才能对客户有一个准确的判断。

（5）愿意与公司建立长期的合作关系。客户能够正确地处理与企业的关系，合作意愿高，忠诚度高，让公司做最擅长的事情，通过提出新的要求，友善地引导企业怎样超越现有的产品或者服务，从而提高公司的服务水平。

总之，好的客户就是能够为公司带来尽可能多的利润，而占用的公司资源尽可能少的客户。

济南某家知名电器公司是一家从事新型小家电研发、生产与销售的民营企业。公司设立于 1993 年，起初的启动资金仅有数千元。在一年后，该公司推出数款豆浆机后，其销售额在市场中连年大幅增长，公司目前已经发展成全国最大的家用豆浆机生产厂家。九阳公司在选择经营商时，并不是一味地求强求大，而是要求经营商满足以下三个条件：

一是经销商要具有对公司和产品的认同感。该公司认为，经销商只有对企业和产品产生认同，才会重视厂家的产品与市场，作为经营的主项，主动投入所需的人力、物力、财力，自觉地施行企业营销策略，与企业保持步调的一致性。

二是经销商要具有负责任的态度。即经销商要对产品负责、对品牌负责、对市场负责，那些实力虽然较强但缺乏这种负责态度的经销商，不在九阳公司的选择范围之内。

三是经销商要具备一定的实力。但是，九阳公司在评价经销商实力上，采用一种辩证的标准，即只符合九阳公司的需要，能够保证公司的正常经营即可，并不需求资金最多，关键是双方要建立起健康的合作伙伴关系。

相对来说，以下几种就是不好的客户。

（1）只向公司购买极少量的产品或服务，但要求却极多，花费了公司高额的服务费用，使公司为期消耗的成本远远超过他们给公司带来的收入。

（2）不讲信誉，给公司带来呆账、坏账、死账以及诉讼等，给公司带来负效益，是一群时时刻刻在消耗公司资产的"蛀虫"，他们也许会让公司连本带利输个精光。

（3）让公司做不擅长或做不了的事，分散公司的注意力，使公司改变方向，与自身的战略和计划相脱离。

应当注意的是，好的客户与坏客户都是相对而言的。只要具备一定的条件，他们之间是有可能相互转化的，好的客户可能会变成坏的客户，坏的客户也可能会变成好的客户。

因此，不要认为客户一时好就会永远好，公司要用动态的眼光来评价客户的好与坏。公司如果不注意及时全面地掌握、了解与追踪客户的动态，比如，客户的资金周转状况、资产负债情况、利润分配情况，等到好客户变为坏客户时，将为时已晚！

做事先做人：先认同你的为人，才能认可你的产品

其实，无论做公司内部的管理，还是做外部的业务拓展，客户维护等，都是人与人之间的较量。身为管理者，要想在内部搞定员工，在外部搞定客户，必须具备极高的情商。这里的"情商"指的就是为人做事。在现实中，很多公司或企业的成功或能在关键时刻转危为安，靠的就是经营者或管理者过硬的人品和极高的情商。

美国休斯科公司创始人比尔，在创业时只有350美元，不过短短10年时间却发展成拥有千万美元资产的全美第一大皮鞋制造

商。资金单薄的比尔之所以能够在激烈的竞争中站住脚，凭借的就是在情感上真诚地替客户们着想。

在创业初期，比尔深知以自己的财力是不可能与同行业的大厂家竞争的，他必须要联合外界的一切资源，要想做到这一点，就必须打出"情感牌"来换取客户的忠诚。

有一天，休斯科公司生产的白鞋带、白扣软皮鞋，在辛辛那提断了销路，零售商天天打电话过来要求退货，这可急坏了当地的批发商，他连夜坐车找比尔去商量对策。比尔知道如果能将货退回来，造成积压，批发商将会蒙受巨大的经济损失，于是决定牺牲掉自己的利益，来解决批发商的麻烦。

比尔是这样说的："兄弟，你的困难就是我的困难，不管是因为什么原因造成的这种局面，我都不会使你遭受损失的。你把那些皮鞋统统收回。送到我这里调换成别的样式吧。"批发商听完这番话感动地说："比尔，真的太谢谢你，但是我不能让你一个人吃亏呀！"比尔坚持地说："不用担心了，这件事理应由我来处理。"

这件事传出去之后，全国各地的批发商对比尔的做法极为赞赏，他们以实际行动表示了对比尔的信任，不仅全力推销比尔公司的各式皮鞋，还在比尔的工厂被决堤的河水冲垮后，自愿组织起来，帮助比尔渡过难关。比尔销售网中几个较大的批发商带头召来了全国几百位批发商，短短两个小时，便凑齐了比尔重建新厂的资金。一个星期后，比尔的工厂很快地恢复了生产。由此，我们不难理解比尔是如何把小生意一步步地做大的，究其原因无非是"情感"二字。

中小企业领导者在刚刚创业的时候，是不大可能花钱做广告的，基本上全要靠回头客的相互推荐和口碑相传。小生意要想取得大的成功，需要在良性循环中不断地做大。在信息社会里，广告的宣传作用固然极为重要，但它并不是万能良药，更何况这需要一笔不菲的支出，对于小本生意人来说有着极大的难度。

最经济也是最有效的办法，就是争取客户，以良好的口碑和服务树立起自己的信誉，俗话说"金杯银杯，不如客户的口碑"。有了口碑这块令人信服的金字招牌，生意必然会日益地兴隆。

清末在武昌卖蚕豆的曹南山，不像一般的小贩一样斤斤计较、唯恐亏损，而是称蚕豆时大把用手抓，力求薄利多销，博取顾客的信任，因而获得"曹大把"的绰号，在当时小有名气。随着年龄的增长、资本和经验的积累，曹南山又相继做了干果和水果生意，因为买卖公平、以诚待人，深受新老顾客的欢迎，生意蒸蒸日上，从挑担发展到摆摊，愈做愈大。后来曹南山一手创立的曾祥泰杂货店，由当初的小摊贩一跃成为武汉有名的大杂货店，还兼有米厂、肥皂厂等其他经营项目的企业。

无论做公司也好，做小商贩也罢，做人是获得成功的前提，好的口碑不是靠嘴巴吹出来的，要靠诚信经营、情感攻势和服务到位去获得。

坚持利益互惠的客户才是好客户

有一个人曾问任正非："你们的商道是什么？"他说："我们没有商道，就是为客户服务。"其实，这里的为客户服务，最重要的是指长期地关注客户的利润。在现实的商业活动中，无论是公司也好，客户也罢，其产生交易的主要目的是为了获取利润，所以，维护好与客户关系的关键，就是长期关注他们的利润。正如任正非所说："公司唯有一条道路能生存下来，就是客户的价值最大化。有的公司是为股东服务，股东利益最大化，这其实是错的，看看美国，很多公司的崩溃说明这一口号未必是对的；还有人提出员工利益最大化，但现在日本公司已经有好多年没涨工资了。因为我们要为客户利益最大化奋斗，质量好、服务好、价格最低，那么客户利益就最大化了，客户利益最大化了，他有再多的钱就会再买公司的设备，我们也就活下来了。我们的组织结构、流程制度、服务方式、工作技巧一定要围绕这个主要目的，好好地进行转变来适应这个时代的发展。"

公司中普遍存在一种极为复杂的销售关系，那就是公司为了维系与客户的关系，内部的业务员或者老板将时间都泡在餐桌上，极大地浪费了精力和时间。试想，一个业务员或老板总是将精力浪费在维护客户的关系上，势必会忽略公司中的大事，也没有多余的时间和精力花在工作上。

小刘是一家钢材厂家的业务经理，几年下来，积累下不少客户资源。最近，攻下了一家大型企业客户，以为可以不用那么辛苦了，谁知道越大的客户，越让他受不了。刚签合同的当天，小刘就接到客户的电话，说最近某餐厅新开业，味道不错，这弦外之音，小刘哪里有不明白的道理，马上答应了客户当天晚上去尝尝。可这一去，可苦了自己，那天晚上客户带了一堆人过去，付钱倒是小事，自己还被灌得一塌糊涂，回家后吐得不成人样，头痛到第二天都上不了班。

时隔一个星期，小刘又接到那个客户的电话，客户说，现在已在某家 KTV 开好房了，带了几个朋友，问小刘过来玩玩不？小刘当然明白是什么意思，刚想说没空，但是话到嘴边却说成了"马上过去"。结果，钱包被狠狠宰了一笔，喉咙几天说不出话来。

管理手记：
一个公司老板的10年管理心得

就这样，那个客户每隔三五天就打电话给小刘，不是去吃饭，就是去喝酒，要不就是唱歌，甚至还去了一次旅游。小刘好几次都想拒绝，但是单子在他手上，小刘很明白，如果拒绝了那个客户"宴请"，那么也就拒绝了订单。一个多月下来，小刘足足瘦了几斤，面色也和以前相差甚远。最为关键的是，小刘因为应付这个客户，无心管理属下的业务员，致使业务部懒散、松懈，工作出现了大滑坡。

与客户交往，只要能让客户了解公司、了解公司的产品即可。真正优质的客户，最为关心的不是这个公司老总的活动能力，而是与这个公司合作是否能够获得利益，能否实现共赢，带来极好的商业价值。显然，餐桌上和 KTV 不会带来商业价值，成天混迹于交际场上的老总或业务经理，绝对不能缔造出伟大的公司，做出业绩来，整天将你拉到餐桌上谈生意的客户绝对不是最好的客户。

日本东芝公司的总经理土光敏夫是一个交际简单的人，而就是这样交际简单的老总，却重铸了东芝的辉煌。他上班从不用专车接送，每天四点钟起床，洗漱完毕，便开始思考一天的工作。

日本《读卖新闻》记者采访了他，问了一个问题："您是在打高尔夫之余思考工作呢，还是在工作之余打高尔夫？"土光敏毫不含糊地说："我从不打高尔夫，我历来都鄙夷这种说法，似乎只有打高尔夫，才能把生意做好。"记者又问道："那您是不是经常在夜总会呢？我听说，夜总会最适合做生意。"他回答："作为一个每天凌晨四点必须起床的人，绝无去夜总会的雅兴！认为在夜总会好做生意的商人，不是正直的商人，这是他们花天酒地的借口！"

土光敏夫不愿意在外面花天酒地，有闲暇时间，他宁愿和员工一起吃饭、喝酒、话家常，往往一些问题就在这样的沟通中得到了解决。

的确，真正正直的生意人或是企业家，都不会将时间浪费在餐桌上，更不会经常到与工作无关的场合去，所以，身为管理者一定要简化与客户之间的关系，一般情况下，可从下面几点做起：

（1）对交际和应酬的对象进行筛选，选择最为重要的客户。

（2）去掉一切不必要的虚荣。

（3）在交际和应酬时对时间进行控制，讲求效率和结果。

同时，也应该节省接待客人的时间。

（1）对来访的客人，在保持最基本的礼仪的同时，必须要进行筛选！选择非亲自出马不可的场合出席，节省自己的时间，也节省对方的时间。

（2）接待重要来客时，也不要拖泥带水，说话不要拐弯抹角、避重就轻，记住要追求实质，要务实，更要直截了当地问对方来访的目的，想得到什么样的结果。

（3）一开始就说明谈话的时间，"你希望谈多久，15 分钟够不够?"或者"我接下来已经约了别人，现在只剩下 10 分钟的时间。"

（4）设置应酬专家。让专业的人做专业的事。要记住，你不是万能的，要学会让别人帮你做事。物色一个应酬专家，能让你节省大量的时间。

（5）询问秘书，把接下来要做的事情安排好了没有。

（6）显示出非常疲劳的样子，或者站起来。

（7）不停地看手表或墙上的钟表。

提升客户的"忠诚度"：设身处地为客户着想

尽可能多地赢得新客户，维护好老客户，是公司获取高效益的重要方法。当然，这里的"尽可能地赢得新客户"，并不单单指通过狂轰滥炸的营销模式扩大目标客户群，而是提升客户的"忠诚度"。在现代多变的经济形势下，对于企业来说，开发客户难，留住客户更难。客户忠诚度已经成为同质化时代企业所追逐的主要目标之一。

在以往的经济模式中，公司想要获得用户的忠诚度，首先要做的就是提高产品质量，而现在需要做到尽心尽力地为顾客服务。在今天这个市场化时代中，追求用户忠诚度成了商业中永不过时的哲理，麦克尔管理咨询公司的副总裁鲍伯·威仑德说："规程发生了变化，产品来了又去，今天的商业价值是以与用户的关系来衡量的。"可见，当下维系公司的生存和发展，不能仅仅看成将一款产品卖出去，而是要为客户提供一种增值的服务。那么，在现实操作中，企业应如何去提升客户的忠诚度呢？

1. 知己知彼：了解自己的产品，了解顾客

在古希腊德尔斐神殿中刻着这样一句话："认识你自己"，后世常用它来做修身警句。这句话不但对个人修为有益，对企业的发展同样有益。一个企业除了对自身必须要有正确恰当的发展定位外，它本身以及所有员工都必须充分地认识和了解自己的产品，尤其是服务人员应该尽可能地了解企业的产品或服务等，只有这样才能更好地为顾客提供相关的服务，从而增加顾客的信赖感。

服务口号留不住顾客，企业要走出自己的世界，全方位地站在顾客的角度，应以满足客户的需求和期望为目标，有效地消除和预防客户的抱怨和投诉、不断提高客户满意度，促使客户忠诚，在企业与客户之间建立起一种相互信任、相互依赖的"质量价值链"。

另外，企业也要尽可能地了解顾户的潜在需求、消费习惯、服务预期和接受服务的方式，等等。只有倾听客户的声音，找到其不满的根源所在，让顾客和服务的提供者相互了解，服务过程才会变得更加顺畅，服务的失误率也会下降。由此，为每个顾客提供服务的成本就会减少，反过来企业的利润就会增加。

沟通学上认为，要真正地赢得人心，首要的一点就是懂得"角色互换"，即真正地深入地去了解对方内心所想、所思，真正地做到理解、同情、谅解。同样，在企业中，要想赢得客户，也要做到这一点。

吉尔·博尔特是德国一家洗涤产品的创始人和大老板，是世界最大的洗涤产品制造商之一，产品畅销全球。在现实生活中，吉尔·博尔特其实是一个平和而普通的人，是一个的体贴的丈夫和慈爱的父亲。但令人出乎意料的是，就是这样一个世界集团总公司总裁，每天必须干的一件事，就是亲自管理他的 Twitter 账户，并且对当下的一切社交网络工具了如指掌。他说这个世界已经变了，有了互联网之后，产品的信誉建立在 word of mouth 之上，任何人都可以提出表扬，也可以指出批评，并迅速影响品牌形象。

他说，批评其实比表扬重要得多，他经常在 Twitter 上看到负面的评论，这时候该怎么做？绝对不能删那些评论！把他们大大方方的摆在那儿，私下回复给那个人，和他交换意见，虚心接受，沟通解决方案，这是唯一将负面评价转换为正面的最有效方法。吉尔·博尔特说这个的时候，虽然是从商业的角度出发，但是了解品牌创建的人都知道，每一个品牌的形象都像一个人，而每个人都象征着自己的品牌形象。而不懂得这样做不是由智商决定的，而是情商，唯有了解他人，角色互换地去思考，才能一点点地征服别人，取得信任，赢得属于自己的成功。

可见，敢于正视别人的批评、不屑，同时，又能从别人的角度出发，设身处地地为对方着想，是高情商的重要表现之一，拥有这种素质的人，最能赢得他人的青睐和信赖，也最能处处赢得人心。所以，企业一定要时时设身处地为顾客着想，那么，你的客户也会回报给你。

2. 重视对客户需求的调查分析

让客户告诉你什么样的产品和服务对他们是最重要的，并指出每项产品和服务的重要程度；分析所有的客户接触点的机会，思考如何才能沟通、服务好客户，分析客户的选择和行为方式，为他们提供更多的选择，更好地迎合他们的需求；让中间商告诉他们需要什么样的资源，你如何才能帮助他们销售并对其客户进行营销。

同时，也要关注、询问客户的再购买意向，他们是否会将公司推荐给朋友，是否相信公司，以及他们是否感到公司及时回复了他们的问题，并关注他们的需要，这既是企业发现自身问题的关键，也是发掘潜在客户的重要方法。

3. 不断提升服务质量

企业的服务应该致力于为顾客创造愉快的购买经历，让顾客的购买和消费变成一次次愉快的交流和经验。"没有最好，只有更好"，只有"我们一直在努力"的服务精神，不断地超越顾客的期望值。绝对不可以小视客户的"口耳相传"的广告效应。

此外，企业要提升客户的忠诚度，还要努力探索"增值服务"。整合利用企业的一切资源，根据客户需求和具体问题提供科学合理的解决方案，以客户增值体验为中心，引导客户的需求。

4. 重视客户的投诉

重视客户的"抱怨"，并对其进行登记分类，公司要在引起客户不满和客户流失之前就要发现这些抱怨，这样对公司是有利的。一个经常被业界津津乐道的研究说的是，通常在 25 个不满意的顾客中有一个人会去投诉，其他 24 个则悄悄地转移到了其他企业的产品或服务上面。因此，调查客户流失的原因，思考如何予以挽回，远比穷于应付投诉更为重要。

一般情况下，一个对服务感到不满的顾客，在问题得到满意解决之后，往往更容易成为企业最忠诚的顾客。所以，公司一定要重视和善于处理客户的抱怨或者投诉，提供优质的服务，让他们感到自己的问题被重视，然后被解决。

客户的这些"逆鳞"触碰不得

要最大限度地满足客户的需求，除了为客户提供令其满意的产品外，还要注意切勿要去触碰客户的"逆鳞"，即做出违背客户意愿或期望的事情。

1. 多数客户都讨厌电话转接

多数客户联系你若是为了了解你的业务、产品、价格等基本信息，他最想一下子从第一位接线员那里得到相关信息。然而，如果客户想要更为专业的建议，他就并不期待第一个接线员回答所有的问题。在此情况下，一个电话转接可以让客户感到安心，因为他将连接到某个专业的"对的"人那里。

实际上，最能让客户感到满意的实践方案便是进行一次独立的通话，紧跟着进行温暖的移交，同时第一个接线员始终留在线上面，确保客户得到了其最需要的回答，并且在转接途中向其他的联系员解释客户打来电话的原因。

虽然上述过程看似低价实惠，只需要标记好每一位员工的职能责任范围，用类似组织图一样的简单的基础设备加以实现，然而令人惊讶的是，企业往往无法提供这种客户体验。

2. 客户最厌烦在拨打客服电话的时候收到推销

这是很多企业都存在的问题，在客户拨打的客服电话中植入推销广告，因而错失了在触点互动中留住客户的机会。所以，在与客户交流中，绝不要尝试向客户推销某物直到你已经掌握客户的满意度，无论客户最初拨打电话的原因是什么。即使是推销，也不要对客户进行一次广泛的、毫无针对性的、笼统的推销方案，因为这会让客户感到自己不被重视。

3. 客户不想要提供自己的个人信息

在当下信息社会，很多企业总是宣传要对个人信息进行有效利用，对此，公众对其关注度也日益地增长。所以，若客服向客户索要个人信息或者企业做出泄露客户信息的事情，会让人生厌。当然，这里的隐私不仅仅限于：侵犯隐私、身份信息、电话号码、邮寄地址与邮箱或互联网 IP 网址从而冒犯和骚扰你等真实案例。

4. 道歉是永远不够的，所以我们别这么做

当客户的利益受到损失或损害时，很多企业普遍采用的方法

是，道歉。可实际上，客户并不想要道歉，他们只想企业对他们的损失进行补偿。在许多企业中，企业不仅仅从文化上认同这个说法，并将其付诸实践，员工们从不愿意承认错误或为过失负责，害怕那将只会让客户感到委屈并将在迟一些的时候想个办法来找他们的麻烦。

这几乎是完全错误的。事实上，客户们曾反复地表示：在过失发生之后，企业能做的最有效的事情就是承认它——并且道歉。而为了产生最大效用，道歉应该和保证同时进行，企业需要表示自己已经采取行动来保证不会再次发生相同的过失。举个例子，当我们在客户互动过程中道歉的时候，随后寄出一封管理层签署的信件，说明公司已经确认了过失发生的原因并正在进行补救，这么做将确实地提高客户忠诚度。企业对过失的响应和改正往往令客户感到高兴。这类案例中的客户流失率往往比没有发生客户体验问题的要低。

5. 客户不希望电话打到家里——总是如此

许多不同行业的客户之所以认为不希望在家接到电话是因为这些来电几乎总是笼统的营销项目，而并没有针对其具体兴趣。当拨打进来的电话没有什么有针对性的具体内容，而是某个大型营销活动的极小的一部分时，客户感到厌烦："别再打电话介绍你的游艇保险特惠了，我根本没有游艇！"

然而，如果客户拥有某些投资产品，或者某些即将发生的事情会影响到他们自身：比如新的税收法案对其纳税所产生的影响，他或她实际上对收到一个有的放矢、个性化、针对个人的推销心存感激。值得注意的是："晚餐时间除外——毋庸置疑"。

以优质的产品和服务打动客户

　　科技的发展致使大多数产品都会被轻易地复制、模仿，并让竞争对手们能够在短时间内制造出升级版的产品。这使许多企业都陷入"价格"战的沉重消耗中。比如市场上种类繁多的家电产品，许多厂家为了提升市场占有率，便不惜下血本，降低价格，与同行打"价格战"。其实，这种行为是偏离了以客户为中心的商业活动。因为任何一款商品，一旦卷入"低价"营销中，那一定会牺牲掉产品的品质，最终受害的、上当的、吃亏的都是贪一时便宜的客户。对于公司来讲，商品营销不行，但若搞甩卖，总想着捞点钱来救命，可能一时会吸引客户，但当用户发现你的产品质量不过关或服务差时，该产品在用户心中便会产生不好的印象，这等于是商家在自毁品牌，是极为危险的行为。

　　华为董事长任正非说："商业活动的基本规律是等价交换。如果我们能够为客户提供及时、准确、优质、低成本的服务，我们也必然获取合理的回报，这些回报有些表现为当期商业利益，有些表现为中长期的商业利益，但最终都体现在公司的收入、利润、现金流等管理结果上，那些持续亏损的商业活动，都是偏离了以客户为中心的。身为管理者，要树立以优质的产品和服务打动客户，而不以低价去吸引顾客的意识。"爱因斯坦说过，愚蠢，就是用同一种方法一次又一次地做一件事，却期待有不同的结果。而企业以低价和与同行打"恶战"的方式去"抢"客户，无异是爱因斯坦所说的愚蠢行为，这种做法终究是没有出路的。

　　华为总裁任正非在一次讲话中，曾说过这样一段话：

企业的"寒冬"真的来了，谁能取胜？无非是质量与成本取胜，谁的质量最优、成本更低，谁的响应最快捷，谁就能渡过难关。所以对企业来说，最为重要的问题就是抓质量、抓成本，之后才能在技术创新方向上探索。支撑技术创新的基础支柱是：质量、成本、时间。如果离开质量、成本、时间，就毫无技术创新的价值了，绝不能为了创新而创新。科研的胆大与谨慎要并存，在花钱上要大胆，在质量与技术认证上要谨慎。

抓质量问题就要"板凳要坐十年冷。"质量第一、功能第二、技术第三，一定要注重客户的需求。客户的评价标准是觉得质量很稳定，功能很好，技术很先进，这就是好。……华为将在市场上的竞争不靠低价取胜，而是靠优质的服务取胜，这就需要依靠服务职业化来保证。这些年来，我们能够在竞争中生存，也是因为我们有"服务好"这一条。

哈佛写的华为案例中，总结华为公司之所以能够在国际竞争中取得胜利，最为重要的一点是"通过非常贴近客户需求的、真诚的服务取得了客户的信任"，这就是整个华为公司的职业精神。其实，对任何企业来讲，提升产品的品质与用服务打动客户是最根本的出路。

在 20 世纪 50 年代初，战后日本产品的质量相当地糟糕。当时西方文献记载："他们出口的玩具用不了多久就会出现质量问题，他们出口的灯具寿命短得让人无法接受。"这时候的日本，一方面受限于被战争摧毁的工业体系，一方面也被国际上其他制造商所压制。艰难的发展使日本企业开始意识到劣质产品造成的恶劣口碑会成为日本企业在国际市场上发展的巨大障碍。为了改变这一现象，企业们决定实施质量变革。

日本企业家们从美国引入了先进的质量管理体系，并特别重视质量控制过程中的统计方法。成立于 40 年代的日本科学技术联盟，设立于 1949 年。该组织主要由企业、大学和政府人员构成质量管理研究小组，并定期开办"质量管理基础课程"，将小组的成果传达给产业界，于 20 世纪 90 年代中期举办 90 期，约 3 万人参与学习，这些人员成了日本企业质量管理活动的主力军。

经过一系列的改革，在日本的优秀经营者的带领下，日本制造业通过考验，那些注重质量提升的企业最终打败了那些不善于改善生产质量的企业，得以存活下来。"改善""即时生产""看板方式""精益生产"等诸多享誉世界的现代日本生产模式，从这时候开始，才由"很容易坏"变成了"设计质量高"的一个品牌，而品牌的设立，才意味着崛起，这是在很多日本企业之间惨烈地竞争、死亡、优化效率，大量关闭产能才最终换来的结果，这也是得以在世界工业中崛起的根本原因。

德鲁克说，企业想要不断发展必须不断地寻求新的方法来实现差异化发展和构建竞争力。但是无论如何改变，都离不开两点：提升品质和时刻为客户着想。的确，企业的利润主要源于客户，与其以低质量、低价格产品短暂地迎合消费者的心，不如想想如何通过提升品质和提升服务质量，让消费者更放心、安心和舒心。所谓的"专注于客户""全心全意服务于客户"，就是要一方面抓产品的质量，另一方面构架服务体系，通过与客户的每一次互动，让他们体验到独树一帜的服务质量，这对于企业的可持续发展和成功至关重要。

以客户为导向：将经营决策权交给"市场部"

传统的商业模式，是企业经营者或管理者决定生产什么样的产品，然后再设定生产计划，再进行销售，然后面对顾客产生利润，这样一个商业生态系统。那个时候，生产的决策者与顾客之间是毫无关联的，而如今，生产厂家则可以直面消费者，商生生态系统的沟通变得极为便捷，可视化、平台化的交易模式令商业模式变得极为公开、民主。所以，未来的公司不仅仅为顾客提供产品的销售，更多的是需要为用户提供"软性"服务与其他的增值服务，从而满足用户的个性化需求，以此获得更多的价值，这也被称为"软性制造"，就是需要公司建立起以用户为中心的商业模式，即以客户的需求为生产导向，为他们提供高价值的"软服务"。

近几年，消费者对手机使用的需求已经由传统的"打电话、发短信"，演变为"娱乐与心灵沟通"的工具，诺基亚不顾消费者的需求，仍旧推出号称"待机 35 天、防水防摔、售价 162 元"的 1050。当全球的苹果手机粉丝们争先恐后地追捧售价比"诺基亚 1050"高出 50 倍的苹果手机时，诺基亚在一片惋惜声中被微软收购。

网上下载一部电影到电脑上看，几乎不花什么钱。而这并不影响一张 IMAX 电影票卖到 100 元上下，也没能够影响中国电影总票房达到数百亿的高产能，成为世界第二大电影市场。因为消费者"买票看电影"这一消费行为背后有着十分清晰的需求，排名前两位的需求分别是"与异性在电影院看电影时的情感满足"

和"追求视听效果"，这就是顾客的"软性需求"，这种需求往往带有"高附加值"的性质，当然，给公司带来的利润也是十分可观的。

在互联网时代，公司与消费者之间的距离被拉近，企业的主要功能已经由原来的为顾客提供产品，上升到为顾客提供"高价值的服务"。阿里巴巴在海外上市的当天，马云接受记者采访时，有句话让人印象深刻："让你的顾客爽，而不是让你的老板爽。"如果企业能够随时随地根据顾客需求的变化调整新产品策略的话，那么诺基亚、柯达与索尼的命运可能会不同。顾客会通过手中的钞票"投票"，来告诉你一个真理：满足顾客需求与否，是判定产品"高价值"与否的唯一标准。所以，企业经营者，应该改变原来的供需生产模式，而应将精力用于研究顾客的需求方面，将触角延伸到市场中去，将决策权交给顾客，交给企业的市场部门，否则，只通过技术研发部门妄谈"高价值产品"，几乎是不可能的事情。

当然，让企业真正做到"以客户为导向"，就需要建立以"市场部驱动"的价值连接体系。

在现实中，许多企业总是很难找到"消费者需求"，即便他们找到更好的"消费者需求"，也难以实现"消费者需求"与"产品研发和技术部门"的无缝连接，难以开发出"高价值产品"，因为很多企业，在公司组织结构设立的那一刻，便埋下了产品失败的隐患。

产品要基于"消费者的需求"，那么，产品的生产与研发就必须由"最了解客户需求的市场部"来负责，绝对不是研发或者技术部门。

大多数世界500强企业都是"市场部驱动"型的公司，市场部英文是"Consumer Marketing Dept"，意思即为"消费者研究市场部"。这种市场部最重要的职能不是打广告、发货，而是基于对消费者需求的洞察，拥有公司产品的研发和生产的决策权，从而让研发部全力配合，持续不断地为公司产品注入新鲜的血液。

建勋是广州一家知名化妆品公司的老板，在2003年时，建勋曾在营销方面花了大价钱，请某知名影星代言打广告，可消费者却始终不愿埋单。与欧美那些大品牌相比，该化妆品品质并不差，而且价格相对较低，但始终引不起年轻消费群的兴趣。在2005年时，该化妆品公司库存积压极为严重，亏损严重，已经到了濒临破产的边缘。

在此情况下，建勋邀请某知名营销专家对企业内部进行了整顿和调整，建立了以"市场部为核心"的组织结构。以前，该公司的市场部根本完全不参与和负责产品的开发，而是帮销售队伍印POP、做促销、办展会，应对广告公司的推销，充其量只是个"销售支持部"。而此时改革后，就是让"市场部"参与市场调查，通过问卷调查与网络对话的方式，与消费者进行零接触，了解目标消费群的内在需求，然后再将消费者提出的问题与不接纳产品的原因进行细致分析，得出结论，将此结论反馈到研发部和技术部，对具体问题进行解决，并且重新设计包装，然后推向市场。

该营销专家针对此项改革形象地说道："如果将公司比作一列火车，那么'轨道'便是'顾客需求'，'市场部'就是'火车头'，其他各个部门则是火车的各节车厢，都要跟着'市场部'引领的顾客所需求的方向走。'市场部'找到现有或潜在的顾客需求后，再根据顾客需求开发产品，那么技术部、研发部、生产部、采购部、财务部围绕这个产品开发做支撑；人力资源部要根据新的方向相应地调整销售部和市场部人员的招聘、培训和绩效考核内容；销售部通过渠道经销商推广把产品摆到货架上，那么顾客面前的这款产品才有可能是顾客早就想要，而其他竞争对手没能提供的。"

由此可知，市场部作为引领各部门的"火车头"，并非是因为"市场部"有多重要，而是顾客需求决定着企业的兴衰成败。

当然，对很多企业来讲，建立以"客户需求"为核心的经营模式，并非是一句空话，需要企业在组织结构上进行调整和改革，建立以"市场部"为龙头的组织架构，这样才能在体制上避免"搞研发的不懂市场、懂市场的不负责研发"的麻烦。

发挥市场部门的"火车头"作用

建立以客户为需求导向的经营模式，充分发挥市场部的"火车头"作用，对经营者而言，绝不意味着经营者只需将生产决策权下放给市场部就算完事了，还需要增强"市场部"的能力。因为要洞察消费者的需求，对于市场部而言，绝不意味着去做几次调查问卷、与消费者零距离沟通那么简单。要知道，顾客的需求是有"个性化"差异的，要真正地触摸到目标消费群体的内心，就需要专业的品牌经理人能够对顾客的需求做出科学的分析。

某家中端酒业生产厂家的老板，为了紧密结合市场，迎合消费者的需求，亲自出马跑市场、尝口味、出创意。然后再给生产部下命令。这也意味着，该老板担任着市场部总监，同时也兼任市场部经理、产品经理、市场调研经理三个职位，这让老板心身疲惫。另外，因为老板是行外人，对顾客心理分析方面做得不够专业，同时对产品的口味定位也有些模糊不清，这致使整个公司的运营效率变慢，使以顾客导向为中心的市场部变成了"鸡肋"。

很多家公司，尤其是中小微型公司为了与市场接轨，老板便会亲自担任"市场经理"，去做市场调查，然后再反馈给公司生产部门。这种做法的确可以节省用工成本，但是，很多时候，老板因为知识或能力有限，在"顾客需求分析""产品开发"等方面的认识有所欠缺，做出的各种分析可能不太确切。所以，聪明的企业经营者，应该请行业中比较专业的"市场经理人"来担任市场总监的职位，这样可以使企业"稳、准、狠"地抓住消费者的需求，做出"高附加值"的产品来。

一般来讲，市场经理人的工作是从最基本的顾客需求分析开始的。他们会借助十分专业的第三方大数据，找出"消费者的真正需求"，他们往往具有专业的顾客心理分析知识，能够准确地做出判断。另外，"市场经理人"还懂得如何跨部门、跨团队地与科研部、生产部、财务部门等沟通协作，顺畅地完成新品的开发与上市任务。所以，具有发展眼光的经营者，会聘请专业的市场经理人，担任市场总监，组建"以顾客为导向"的市场部，并将权力下放给他们。

那么，在现实中，市场经理人如何能顺畅地实现顾客需求与技术、生产部门的无缝对接呢？

看下面具体的流程图：

市场总监带领团队，借助专业的第三方大数据，找出消费者正在越来越多地购买具体什么价位的产品，以确定新品开发的零售价格与成本区间，这个阶段称之为"初步确定细分市场"。

↓

接下来，要委托第三方专业的消费者需求研究机构，找到购买这个价值的顾客的深层次需求，即"消费者洞察"。最后得出具体的"消费者洞察"给"研发部"一个具体的产品研发方向和完成时间。

↓

市场经理带领"技术部"与"研发部"共同去解决设计中的技术难题，同时，还要请供应链采购的同事想方法设找到成本更低或科技领先的原材料。

↓

产品初设计完成后，请"专利法律部"保护新产品的全球知识产权，再借助第三方市场调研机构与财务部共同完成定价与销量预测。

↓

请财务部门对新产品进行成本核算，根据销量预测、产品毛利与全年市场投入，计算预计新品的利润表。

↓

将新品预计投入、预测销量、预测毛利与预测利润表报送公司管理层（或老板）；用上述数据支撑自己的新品开发计划，想办法得到管理层的批准。

↓

新品开发计划得到高层批准后，品牌经理则需制定跨部门工作时间表，并定期召开跨部门项目工作会议，确保相关部门能在要求的时间完成各自应完成的任务。

↓

生产部门按销量预测完成产量后，新品才正式投放市场。

市场经理人执行最后一步时，需要请销售部在规定的时间内，与经销商共同完成新品订单和零售终端的进场陈列；然后要求第三方广告公司依照时间表执行促销与媒体投放策略。另外，在新品投放市场后，市场经理需要密切跟踪新品的月销量报告，对比预测销量与实际销量，纠正两者的偏差，与生产部门共同完成新的生产计划，以保证产品供应。要注意的是，这样的纠偏过程要每月反复进行，直至新品的销量稳定。

根据以上流程可见，一个新产品的成功，需要几乎全公司所有的部门团队进行协作。如果此项产品没有市场部的专业经理人负责，那么，部门与部门之间必将会出现沟通不畅的局面，进而影响新产品的研发和上市。因为每个公司部门与部门之间的衔接性不是很强，每个部门"各自为政"，都有自己的考核目标，为此各部门在此过程中难免会出现互相推诿、互不信任的问题，即便是老板亲自负责跟进，因为其本身专业知识的局限性与事务的繁杂性，即便他亲手抓产品，也只能充当"灭火队员"，不断地解决部门之间的互相抱怨，而这并不能根本解决组织结构不科学导致的体制弊端。实际上，我们老生常谈的"技术部与市场部之争"的根源就在这里，这样一个不科学的组织结构，即使是满足顾客需求的"高价值产品"也极难成功。所以，类似于这样的问题的出现，便彰显了市场部总监这个职务的重要性。

在以市场部为导向的企业组织结构中，市场总监这个职位的设立，恰恰弥补了以上的几乎所有的问题。因为从"调研"到"产品生产"，再到"产生利润"的过程中，任何一个环节若出现了问题，都该由"市场部总监"负责。因此，市场部总监在执行这一流程的过程中，会想方设法去消除影响产品成功的可能因素，像润滑剂一般，推动各个部门像零件一样配合主机流畅地运转，保证"新产品"在开发和上市过程中达到既定的目标。

当然，在此过程中，企业经营者将权力下放给市场经理人时，为了其他部门更好地配合他的工作，一定要明确规定每个部门的职责与责任，这样才能使产品很好地得以完成。

同时，企业经营者需要注意的是，建立以顾客为导向的组织体系，市场经理人这个职位是极为重要的，你需要像重视顾客需求一样，重视经理人的需求。一般情况下，除了给予对方适当的股权激励外，更重要的是，经营者要摒弃家族政治，为市场经理人提供公平、轻松的工作环境，这样才能发挥其工作积极性与主动性。

最大限度地满足客户的个性化需求

要想将"客户做大"，归根结底就是要使客户的需求得到最大限度的满足。但是，客户与客户，相互之间是由不同的个体组成的，个体与个体之间的需求是存在一定的差异的。为此，在新经济形势下，如何满足客户日益多变的个性化需求，是一种大的挑战。

海尔公司创立于1984年，是全球大型家电第一品牌。多年来，海尔公司始终坚持与时俱进的发展策略，在如今新的经济形势下，它已经完成了从传统制造家电产品的企业向全社会孵化创客平台的转型。海尔做这些，就是为了最大限度地满足客户的个性化需求，正如张瑞敏所说，如何将无数小众的需求，变成相对大众的订单，是一项大的变革性的挑战。

为了实现这一变革，海尔在内部设立了两张网，虚网与实网进行融合。实网即为海尔的强项，店面遍布全国每个县、乡镇、村。有了这两张网，很多国外的品牌到中国来，都让海尔做总代，比如GE家电。这张网络后面包括营销的网络、物流配送的网络、服务的网络，售前、售中和售后等都有，这极大地满足了国人对海外品牌的需求。挑战比较大的是虚网，海尔即利用互联网，减少商场成本，即利用互联网低价的优势与其他商品进行竞争。同时，他还利用互网联的另一个功能，即与客户进行互动、交流，将消费者的碎片化、个性化的需求聚合起来，形成一个个大的市场。

的确，移动互联网时代的用户从业务需求到消费体验都产生了巨大的变化，这就决定了企业对用户服务的深度和广度必须时时创新、与时俱进。也就是公司的员工耐心地对待每个人的个性需求，更为灵活、快速地响应用户的个性化、前沿化需求，从而更加有效地满足用户日益增长的多元化需求，进而实现公司竞争水平的整体提升。

某大型金融机构自主建立的"开放式产品平台"是目前国内涵盖产品类型最为广泛、功能最为开放的产品服务平台。产品体系包括现金货币类、固定收益类、权益类、保障类、另类投资等五大类30个子类、数千支产品，用来满足客户的境内外、全方位的财富管理需求。

该机构的市场部经理说："产品的销售不是服务的终点，而是产品跟踪与客户服务的开始。"该机构为了做好用户的服务工作，坚持不断地优化现有的产品规划与产品研发的流程，不断完善产品规划、产品研发、产品监控与调整以及产品终止的完整周期，在风险得到有效控制的前提下，为客户的资产持续创造价值。

另外，该机构在业内最早针对不同层级的客户提供差异化的服务策略。如针对金葵花客群，在经营方法上面采取内环客户归户经营、外环客户随机管户经营，在流程上采用"倾听——建议——实施——跟踪"的资产配置四步工作法，基于客户财富体检产品组合配置式销售，在辅助工具上面，研发了理财金字塔，以及国内银行首创的资产配置系统与资产配置建议书。

"资产配置服务"是较为复杂、专业和动态的服务过程。因为在不同的市场条件下，组合配置建议都是不同的，不同的个人风险偏好下，配置建议也不同。此项工作需要消耗巨大的专业人力来做、来跟踪。因此，很少有机构能够为成千上万的零售客户提供千人千面的个性化，且随市场变化跟踪的资产配置服务。这就让此机构在竞争异常激烈的金融市场环境中，不仅留住了主要客户，而且还吸引了许多新的客户，使此机构在同行中能脱颖而出，每年都能保持极高净利润增长率。

由此可以看出，只要公司能够满足人们的个性化和多元化的需求，不愁用户成不了自己的老用户。

当然，对于多数企业来讲，要满足用户的多元化和个性化需求，首先一定要弄清楚多元化需求的原因，再进一步调整企业内的产品配置以及改变服务，最终做好市场调查。

1. 明确用户多元化需求的原因

公司要为用户提供多元化需求，一定要明确用户多元化需求的原因。一般来讲，处于大的环境和处于小的环境中的用户，其需求就存在不同；经济状况的需求也会随之变高，相反，如果自身经济状况受到了不良影响，那么用户的需求也会随之受到限制。

随着社会经济的高速发展，人们的价值取向和消费观念也在发生不断的变化，这一点在经济条件较为富裕的今天尤其突出。比如，人们越来越追求时尚、品味、健康和环保等。这种观念上的变化，直接影响着用户的需求变化。

2. 根据用户需求的不同，对产品和服务及时进行调整和改进

明确用户需求的特征之后，需要公司工作人员明确产品调整的

方向，之后，公司就应该根据自身的实际生产和销售状况及时对产品和服务做出改进和调整，最大限度地满足用户的需求。

3. 做好市场调查工作

公司在对自己的产品进行调整之后，还应做好市场调查工作，调查用户对原有产品的不满意之处在哪里，从而进行自我反省，使公司在以后的发展中，紧跟时代的步伐，尽量走在用户需求的前面，以抢占更新更高的市场地位。

对于公司来讲，只有真正地了解用户，关注他们的需求变化，做好个性化需求和服务，才能更好地满足用户的需求，真正地做到满足用户的多元化需求。

依照个性化需求，为客户"量身定做"

企业要想留住客户，扩大客户群，满足他们的个性化需求是新经济形势下必须要去做的一件事。要想最大限度地满足客户的个性化需求，就要"量身定做"。对公司来说，为客户量身定做，是指在大规模生产的基础上，将每一位顾客都视为一个单独的细分市场，根据个人的特定需求来进行产品定制，以满足每一位顾客的特定需求。

为客户进行"量身定做"与以往的手工定做不同，其是在简单的大规模生产无法满足消费者多样化、个性化需求的情况下提出来的，最为突出的特点是根据客户的特殊要求进行产品生产。

与传统的营销方式相比，定制营销主要有以下几个特点：

1. 它能极大地满足消费者的个性化需求，提高企业的效益与竞争力

2000 年，海尔集团在全国率先推出"定制冰箱"概念，从传统的"我生产你购买"转型为"你设计我生产"，取得了十分骄人的成绩，也获得了消费者的诸多好评，引发了"口碑效应"，提升了"海尔"的知名度。

"我的冰箱我设计"的崭新的思路使得消费者突然眼前一亮，发现了一种与以往不同的全新的消费方式，即可以不必被动地接受厂家生产的冰箱，而根据自己的喜欢和意愿来定制冰箱。这一种全新的经营方式随即也在全国范围内掀起一股"定制"冰箱的热潮。自 2000 年 8 月，海尔推出"定制冰箱"只有一个月时间，就接到多达一百余万台的订单。而在 1995 年，海尔冰箱年产量才首次突破一百万台这个数量。不到五年的时间，定制冰箱一个月的销量便刷新了这个记录，相当于海尔冰箱全年产销量的三分之一，成为中国家电行业的一道奇观。

每个用户的需求不尽相同，有物质上的也有精神上的，需求的方式和程度都存在着差异，这就要求工作人员要多在用户的需求上面下功夫，尽量做到满足每个用户的需求，同时能做到最好。这种"你设计，我产生"的方式，最大限度地满足了消费者的需求，其产品销量一定会大增，最终提升公司的效益与竞争力。

2. 与传统的以产待销模式相比，这种以销定产的经营模式，在一定程度上减少了库存积压率

公司传统的"以产待销"的经营模式，主要是通过努力降低单位产品的成本和扩大产量，来实现利润的最大化。这在卖方市场当中当然是极具竞争力的，但随着买方市场的形成，这种大规模生产出来的产品品种雷同，必然导致产品的滞销和积压，造成资源的闲置和浪费，定制营销很好地避免了这一点。因为这时企

业是根据顾客的实际订单来生产，真正实现了以需定产，因而几乎没有库存的积压，这大大地加快了企业资金的周转速度，同时也减少了社会资源的浪费。

3. 与传统的制造业相比，"量身定做"属于服务业的概念

海尔为不同的消费者定制冰箱，就是厂家根据消费者的要求来定做的一种特制的冰箱。比如，消费者可以根据家具的颜色或者是自身的品位，定制自己喜欢的外观色彩或内置设计的冰箱。这种冰箱对于厂家来说，就是把"我生产你购买"转变成了"你设计我生产"。虽然两者都是做冰箱，但前者是典型的制造业，后者却有了服务业的概念。

当然了，公司要针对客户的个性化需求，提供"量身定做"的服务，那就需要注意以下几点：

1. 细分用户，多方位了解用户的需求

对用户逐一进行细分，有助于工作人员从不同的角度对用户进行分析。这就要求企业一定要创建一个细分客户的平台，并保持与客户进行密切的沟通和交流，运用多种方式收集他们的需求、要求、建议等，并仔细研究他们的心理，以从总体上把握可能的定制趋势，不至于心中无数而在接到订单时手足无措。

2. 生产柔性化

对于公司来讲，要想节约成本，又要满足客户的个性化需求，那就要一方面要实现大规模生产，另一方面又要满足客户的个性化需求，同时也要有生产流程的柔性化。这也要求企业的生产线具有更高的柔性和更强的另工变换能力，从而使生产系统能适应不同品种、式样的加工要求。生产流程柔性的创新包括模块化设计、精益化生产、信息技术以及数控制造设备的使用，顾客

的个性多种多样，所以要进行定制的产品其形式也是千姿百态、各有不同的，这就要求企业的生产线能够随时、迅速地调整以便转产。

3. 产品的组合化

每种产品尽管客户的个性要求不同，但其主体性质是基本相同的，企业可以在保持产品主体稳定的情况下，将客户要求的功能、爱好等附件组合于主体之上。比如海尔公司推出的家用冰箱"单个订单"的做法：将设计不同的电冰箱展示于顾客，由他们自由选择所喜欢的类型，或自选色彩、亲手设计等，附于订单上交给厂家定制。由于产品的大多数设计限定在企业所能承受的范围内，因此产生的难题就会大大地减少。

4. 要重新架构公司的业务流程

要适应"量身定做"的个性化要求，公司应从以下几个方面对生产过程进行重构：

(1) 将生产过程划分出相对独立的子过程，进行重新组合，设计各种微型组件或者微型程序，以较低的成本组装各种各样的产品以满足顾客的要求；

(2) 采用各种设计工具，根据顾客的具体要求，确定如何利用自己的生产能力，满足顾客的需求。

具体在业务流程重构中，要求企业的营销部门、研发部门、制造部门、采购部门和财务部门之间进行通力合作，营销部门要确定满足顾客所要求的定制规格；研发部门要对产品进行高效率的重新设计，制造与采购部门必须保证原材料的有效供应和生产的顺利进行；财务部门要及时提供生产成本状况与财务分析。